MICHAEL FINK

100 Ideen

für eine bessere Welt

IMPRESSUM

Bitte richte Deine Wünsche, Kritiken und Fragen an:

Was mit Kindern GmbH – Der pädagogische Fachverlag, Berlin
Kreuzstr. 4, 13187 Berlin
Tel.: +49 30-48 09 65-36, Fax: -35, Mobil: +49 177-41 41 517
E-Mail: redaktion@wamiki.de Internet: www.wamiki.de

ISBN-Nummer: 978-3-945810-18-7

Lektorat: Erika Berthold
Fotos: Titelbild: oeuf Superhero (oeufnyc.com)
S. 10, 11, 16, 17, 18, 20, 21, 23, 26, 27, 30, 40, 41, 46, 47, 51, 52, 53, 57, 70, 72, 73, 74, 77, 78, 79, 84, 85, 86, 88, 96, 97, 98 Uli Malende;
S. 12, 15, 19, 24, 28, 29, 31, 33, 36, 37, 38, 42, 44, 45, 48, 51, 56, 60, 61, 63, 64, 65, 68, 71, 75, 80, 90, 91, 99, 100, 101, 102 Michael Fink;
S. 92 meineresterampe | pixabay;
Fotos aus der Ausstellung: Was macht die Kuh im Kühlschrank?
S. 6, 106, 110 Jens Steingässer; S. 22, 25, 94, 95 Lydia Hesse;
S. 34, 35, 39, 43, 54, 58, 59, 66, 67, 77, 81, 87, 108, 109, 110, 111 Lena Grüber;
S. 76, 83, 109 Kerstin Hehmann; S. 89, 109 Christian Lietzmann

Gestaltung: studio luxabor
Druck: DBM Druckhaus Berlin-Mitte GmbH

Weitere Informationen und Nachbestellungen unter: www.wamiki.de

Inhalt

Meine Idee, Frage,
Vision...

Liebe Leserin, lieber Leser,

willst Du die Welt verändern? Willst Du daran mitwirken, sie etwas gerechter zu machen – und damit hoffentlich ihr Verfallsdatum deutlich erhöhen? Willst Du als Pädagogin oder Pädagoge die Kinder zu Mitstreitern machen, weil sie voraussichtlich länger als Du auf unserem Planeten wandeln und ihre Gewohnheiten beizeiten ändern könnten?

Das ist ein guter Plan, und dieses Buch will Dich mit Ideen und kleineren wie größeren Aktionen unterstützen, ihn umzusetzen.

Bevor Du beginnst, sei Dir aufgetragen: Du sollst nicht belehren oder den moralischen Zeigefinger erheben. Zwar hattest Du scheinbar oft Erfolg damit, denn: Kleine Kinder sind schnell zu überzeugen, wenn es um „richtig“ oder „falsch“ geht, um Blumen und Tiere gegen Autos, Krach und Dreck. Das Problem ist aber: Man kann mit Menschen, die noch eine Zeitlang das Recht auf unverantwortliches Verhalten haben, mit Kindern also, schlecht verantwortungsbewusstes Handeln einüben. Von so mancher „Überzeugung“, die wir Kindergartenkindern vermitteln wollen, bleibt wenig übrig, wenn sie eines Tages wirklich für die Welt verantwortlich sind. Mit anderen Worten: Das ist nicht nachhaltig.

Was kannst Du stattdessen tun? Sehr viel.

Zeige den Kindern die Zusammenhänge auf, die man verstehen sollte, um später beurteilen zu können, welches Verhalten in Bezug auf unsere Umwelt sinnvoll ist. Zeige ihnen, wie das mit dem Strom im Haus oder der Versorgung mit Trinkwasser und Lebensmitteln eigentlich funktioniert. Überlege mit ihnen, was wäre, wenn es keinen Kühlschrank gäbe oder man das Wasser aus dem Brunnen schöpfen müsste. Sie verstehen dabei, dass die Welt, so wie wir sie täglich erleben, nicht selbstverständlich ist und dass es immer größere Zusammenhänge gibt, die man auf den ersten Blick übersieht: Schmutzwasser verschwindet nicht wirklich auf Nimmerwiedersehen im Abfluss, sondern muss gesäubert werden. Und Müll löst sich nicht einfach auf…

Vor allem aber fördere die Lust der Kinder, etwas anders zu machen. Nutze ihre Kreativität, ihre unsortierte Fantasie, damit sie so oft wie möglich merken: Nichts muss für immer festgelegt sein, alles kann sich ändern. Und es ist nicht schwer, Ideen dafür zu entwickeln. Unser Planet braucht nämlich nichts so dringend wie Menschen mit Lust auf Alternativen – und 50, 100 oder 50.000 Ideen für eine bessere Welt.

Vielleicht beschäftigst Du Dich längst mit diesem Thema. Vielleicht hast Du es gerade erst für Dich entdeckt, davon gehört oder gelesen und überlegst, wie Du es in Deine pädagogische Arbeit einbinden könntest. Dieses Buch möchte Dir dabei helfen, möchte Dich mit Ideen für kleinere und größere Aktionen ausrüsten.

Michael Fink
Berlin, September 2018

WOMIT BEGINNEN?

Um sich dem Thema „Nachhaltigkeit“ zu widmen, muss man zum Glück nicht weit wandern. Die Orte, an denen wir täglich mit den wichtigsten Ressourcen unseres Lebens umgehen, liegen in unmittelbarer Nähe: zu Hause, im Kindergarten oder im Hort. Es sind unsere Wohnräume, in denen wir es hell und warm haben, Musik hören oder Filme sehen. Es sind die Spielräume, in denen Kinder unmittelbar erfahren, was Konsum eigentlich bedeutet: Schau nur in das volle Regal! Es ist die Küche, deren Speisenangebot hierzulande eine Vielfalt aufweist, die ohne industriellen Anbau und ausgeklügelte Transportsysteme undenkbar wäre. Und es ist das Bad, dessen Komfort uns auf wunderbare Weise von all dem befreit, was zum Leben eigentlich dazugehört: Trinkwasser spült Verdauungsprodukte, Seife, Schaum und Dreck ins Unsichtbare.

All das sind Orte, an denen wir unseren Alltag fragend auf die Probe stellen können. Beginnen wir diese Befragung mit: Woher und wieso? Wie wird das, was heute so bequem und selbstverständlich funktioniert, eigentlich gemacht? Was steckt an Ideen, an Techniken, an Kraft, Energie und geheimnisvoller Infrastruktur dahinter?

Weil man solche Fragen als Kind gern selbst und im Tun beantworten will, schlagen wir Dir, liebe Leserin, lieber Leser, Bau-Projekte, Sammelaktionen oder etwas zum Spielen und Malen vor, denn das kommt viel besser an als langes Gerede.

Bei manchen Aktionen erkennst Du vielleicht den Bezug zum Thema „Nachhaltigkeit“ nicht sofort, denn es werden nicht pausenlos Wale gerettet oder Kinder-Petitionen gestartet, sondern alltägliche Dinge getan. Du kannst diese Aktionen als Gesprächsanlass nutzen, um gemeinsam mit den Kindern nachzudenken. Unter der Überschrift „Darüber könnt ihr sprechen“ finden sich Themen und Fragen, die Kinder anregen könnten, selbst herauszufinden, wie ihr Tun mit der großen Thematik „Nachhaltigkeit“ zusammenhängt.

Oft hilft ein Blick zurück, Gewohntes in Frage zu stellen: Wie war es, als es all die Dinge, die unseren Alltag heute erleichtern, noch nicht gab? War es unvorstellbar mühsam, eklig oder vielleicht sogar interessant? Kinder mag es verblüffen, welche heutigen Hilfsmittel für ihre Großeltern noch Wunschträume waren. Auch dabei hat das Tun den Vorzug und erzeugt manchmal eine überraschende Retro-Manie: In ihrem Aktivitätsdrang können Kinder sich für viele Tätigkeiten begeistern, die längst Maschinen aus Gründen der Arbeitserleichterung übernehmen.

Ganz fantastisch können Zukunfts-Spinnereien sein, denn Kinder sind gut darin. Also lautet die Frage: Was könnte man sich ausdenken, um Wasser ins Haus zu transportieren, Strom zu erzeugen, Zimmer zu erleuchten oder gutes Gemüse auf den Tisch zu bringen?

Die Ideen der Kinder – mag darüber schmunzeln, wer will – erinnern Dich vielleicht an die Zeit, in der auch Du etwas Schlaues erfinden wolltest. Genau dieses Gefühl kann immer wieder Ausgangspunkt dafür sein, wirklich etwas für eine bessere Welt zu tun.

AM WASSERHAHN

Wo kommt das Wasser her?

Woraus wird Wasser gemacht?

Wie kommt es in den dritten, vierten Stock?

Ist es nie dreckig?

Kann man schmutziges Wasser sauber machen?

Ist das Wasser, wenn ich es laufen lasse, irgendwann alle?

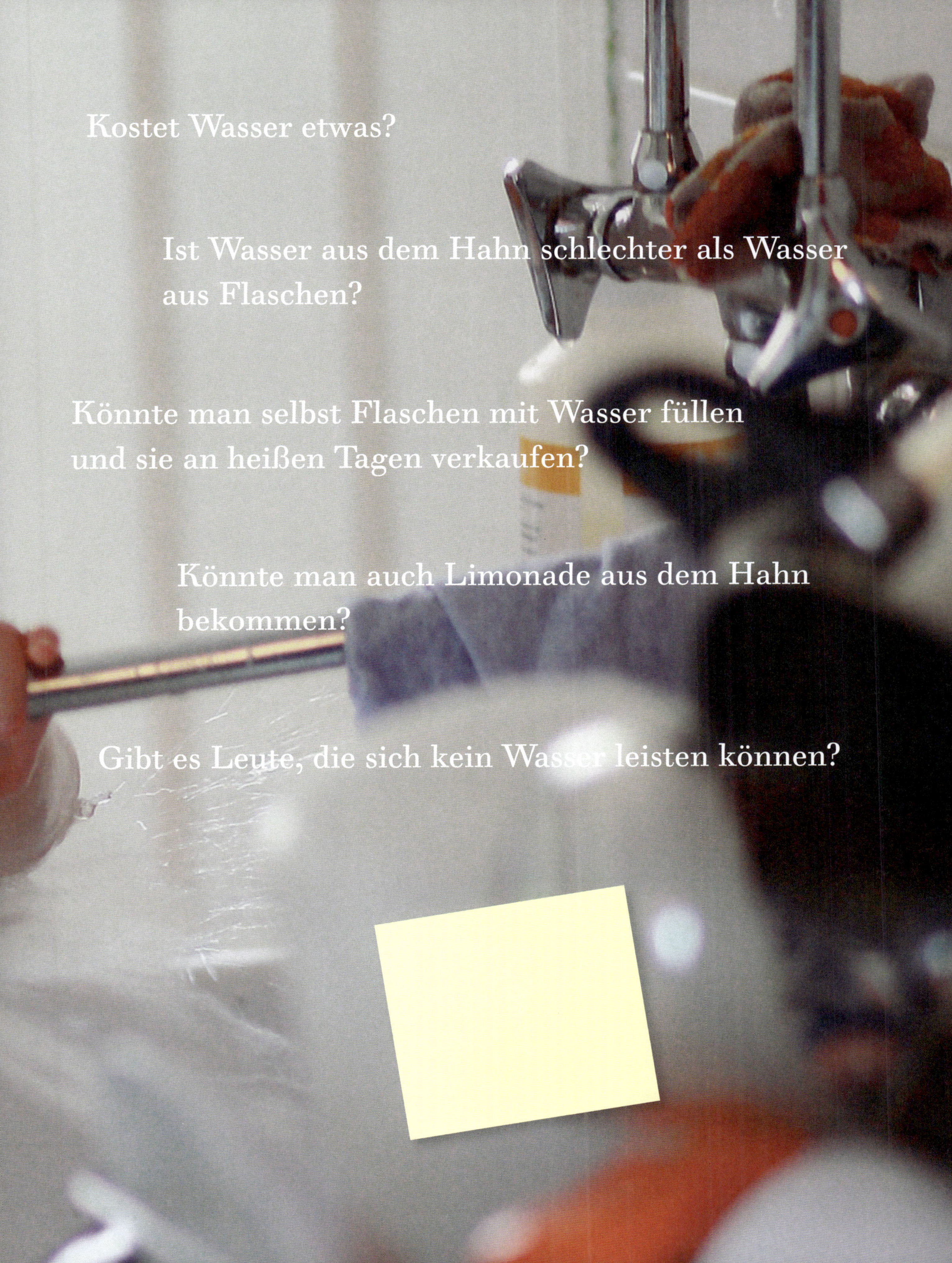

Kostet Wasser etwas?

Ist Wasser aus dem Hahn schlechter als Wasser aus Flaschen?

Könnte man selbst Flaschen mit Wasser füllen und sie an heißen Tagen verkaufen?

Könnte man auch Limonade aus dem Hahn bekommen?

Gibt es Leute, die sich kein Wasser leisten können?

AM WASSERHAHN

Wasserhähne gibt es in jeder Wohnung. Selbst wer den Brunnen aus dem Märchen vom Froschkönig kennt, kann sich nicht vorstellen, dass alles Trink- und Brauchwasser früher aus einem solchen Erdloch geholt wurde. Kindern dürfte auch kaum bekannt sein, dass Wasser etwas kostet. Gerade weil sie gern mit Wasser spielen, kannst Du mit ihnen darüber nachdenken, woher das allzeitig verfügbare Nass eigentlich kommt – und was wäre, wenn es nicht so leicht zu haben ist.

Tu was-Idee # 1

Eine Wasserleitung bauen

So leicht es ist, den Wasserhahn zu öffnen und das Nass hinabfließen zu lassen, so schwer vorstellbar ist, wie das Wasser in den Hahn hineinkommt. Eine Idee vom Aufbau des Wasserleitungssystems könnt Ihr bekommen, wenn Ihr es nachbaut – mit Abflussrohren, einem preiswerten und interessanten Spielmaterial.

Das wird gebraucht:

graue Abwasserrohre (HTEM) in verschiedenen Formen und Längen, aber mit gleichem Durchmesser, auch als Verzweigung;
Dichtungen;
eventuell Vaseline.

Das könnt Ihr tun:

Die Rohre kannst Du mit den Kindern zu einer langen Wasserleitung zusammenstecken, mit vielen Kurven oder Abzweigungen. Natürlich könnt Ihr versuchen, Wasser hindurchzuleiten –per Gartenschlauch und mit viel Druck. Oder Ihr achtet darauf, dass die Leitung ein Gefälle hat. Versucht, das Wasser durch die Leitung einen möglichst langen Weg nehmen zu lassen. Wenn die Steckverbindung nur schwer passt, schmiert Ihr vorher etwas Vaseline drauf, dann geht es leichter. Wenn Ihr kein Wasser durchleiten wollt oder das draußen macht, könnt Ihr die schwarzen Dichtungen herausnehmen. Dann tropft die Leitung dort zwar, lässt sich aber kinderleicht zusammenstecken.

Darüber könnt Ihr sprechen:

Wo läuft unsere echte Wasserleitung entlang? Woher kommt das Wasser, bevor es ins Haus kommt?

Was ist, wenn die Wasserleitung undicht ist und das Wasser auf dem Weg versickert oder gar andere Stoffe, die man nicht trinken möchte, ins Wasser geraten?

Tu was-Idee # 2

Eine flexible Wasserleitung aus Fahrradschlauch bauen

Soll die Leitung flexibler sein und auf jeden Fall Wasser transportieren, um sommerlichen Planschspaß zu haben? Dann bietet sich ein Material an, das jeder Fahrradhändler – gratis, aber vielleicht mit kleinen Schönheitsfehlern – abgibt: Fahrradschläuche.

Das wird gebraucht:

Fahrradschläuche,
feste Schlauchstücke vom Teich- oder Gartenschlauch,
andere Plastikröhren von etwa 3 Zentimetern Durchmesser,
Scheren und Cutter,
Plastikflaschen,
Gummibänder.

Das könnt Ihr tun:

Vor der Aktion spülst Du die Schläuche gut aus, um das Talkum im Inneren zu entfernen.
Für den Bau einer Wasserleitung schneidet Ihr die Schläuche einmal durch, sodass Ihr flexible Rohre erhaltet. Das Teil mit dem Ventil könnt Ihr abschneiden, weil es stört.

Mehrere Schläuche verbindet Ihr, indem Ihr zwei Schläuche über ein Rohrstück gleicher Dicke klemmt, das vielleicht 5 Zentimeter lang sein sollte. Als Sicherung zieht Ihr ein Gummiband darüber.

Trichter aus zerteilten Plastikflaschen eignen sich als Einfüllstutzen, denn deren Mündung hat die für einen Fahrradschlauch passende Größe. Auch hier einen Gummi drüberziehen.

Hat die lange Wasserleitung am Ende eine komplette Flasche, kann man das eingefüllte Wasser damit wieder zurückbefördern. Bohrt Ihr Löcher in diese Flasche, entsteht eine Dusche.

Das könnt Ihr spielen:

Wasser-Transport: Weil der Fahrradschlauch sich mit jeder Falte quasi wasserdicht verschließt, ist es gar nicht so leicht, Wasser über die gesamte Schlauchlänge zu transportieren.

Tu was-Idee # 3

Eine römische Wasserleitung bauen

Schon immer mussten die Menschen erfinderisch sein, um an frisches Wasser zu kommen. Lange bevor es Wasserleitungen gab, lenkten sie Bäche um, bauen Kanäle und sogar steinerne Fernwasserleitungen. Lange vor den Römern versorgten sich die ersten städtischen Hochkulturen auf diese Weise mit Wasser.

Das wird gebraucht:
Ton oder mineralische Katzenstreu,
kleine Holzstücke und Leisten,
Wassergefäße,
Sandkasten.

Das könnt Ihr tun:
Ein guter Platz für dieses Projekt ist eine Sandgrube. Die Aufgabe: Wasser auf einem Damm einmal quer hinüberzuleiten. Die Schwierigkeiten: Bei einem einen Sand-Damm mit Rinne versickert fast alles Wasser, bei Holzbrücken mit Lattengeländern läuft das Wasser durch die Ritzen weg.

Ton oder die aus Tonmineralien bestehende Katzenstreu hat die Eigenschaft, Wasser erst aufzusaugen, dann aber nicht mehr durchzulassen. Deshalb müsst Ihr den Sand-Damm mit einer Art Kanal-Aufbau aus Ton oder Streu versehen. Wenn alle Ritzen dicht sind, könnt Ihr ein einfaches oder verzweigtes Kanalsystem bauen und es immer wieder bewässern.

Darüber könnt Ihr sprechen:
Ziemlich schmutzig ist das Wasser im Sandgruben-Kanal. Wie könnte man es wieder sauber kriegen? Was haben wohl die Menschen früher gemacht, um zu verhindern, dass sie schmutziges Wasser trinken müssen. Wenn man bedenkt, dass jede Menge Tiere in die offenen Wasserleitungen gelangt sind...

Tu was-Idee # 4

Neue Flüssigkeits-Hähne erfinden

Fließendes Wasser ist eine tolle Sache. Manche Leute haben sogar Wasserhähne, aus denen Sprudelwasser kommt. In den Kneipen hingegen gibt es Bierhähne.

Frage die Kinder nach Ideen, welche Flüssigkeiten aus dem Hahn an der Wand noch kommen könnten.

Das wird gebraucht:
Collagematerial,
Bilder von Wasserhähnen,
Stifte.

Das könnt Ihr tun:
Suppe, Cola, Joghurt? Überlegt, welche Leckereien es im Hahnumdrehen geben könnte. Malt und klebt Bilder dazu. Denkt Euch aus, was passieren könnte, wenn man die Hähne verwechselt: Zähneputzen mit Tomatensuppe?

Wer Lust hat, kann einen solchen Zauber-Hahn bauen – mit Wunscherfüllungsfunktion – und ihn irgendwo anbringen.

Darüber könnt Ihr sprechen:
Erste Online-Kaufhäuser bieten bereits Dash-Buttons an, also Klingelknöpfe, die gedrückt werden können, wenn ein bestimmtes Produkt zur Neige geht – und automatisch wird nachbestellt. Denkt darüber nach, was daran praktisch ist – und was passiert, wenn niemand mehr zum Laden geht, um etwas einzukaufen, aber unendlich viele Lieferautos umherfahren.

Noch mehr Wasser-Ideen

 # 5 Mit leeren Flaschen aus einem Mineralwasserkasten könnt Ihr messen: Wie viel Wasser braucht man zum Zähneputzen? Und wie viel Wasser braucht man, wenn man den Hahn dabei laufen lässt? Wie viele Wasserflaschen füllen eine Badewanne, ein Waschbecken?

 # 6 Stellt im Garten Gefäße auf, um Regenwasser zu sammeln. Kocht Regenwassertee und probiert aus, ob er anders schmeckt als Tee aus Leitungswasser. Wascht Euch mal mit purem Regenwasser.

 # 7 Testet mit verbundenen Augen, was besser schmeckt: stilles Mineralwasser aus der Flasche oder Leitungswasser. Was meint Ihr: Ist es sinnvoll, Wasser zu kaufen, wenn man es aus dem Hahn bekommt?

 # 8 Meine Idee:

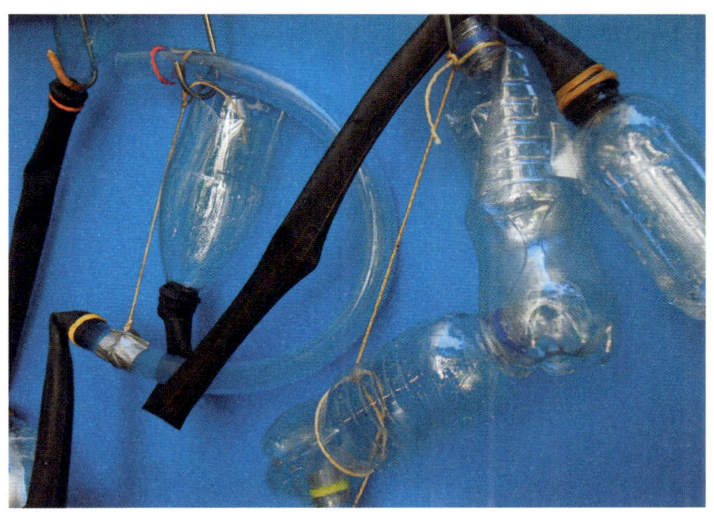

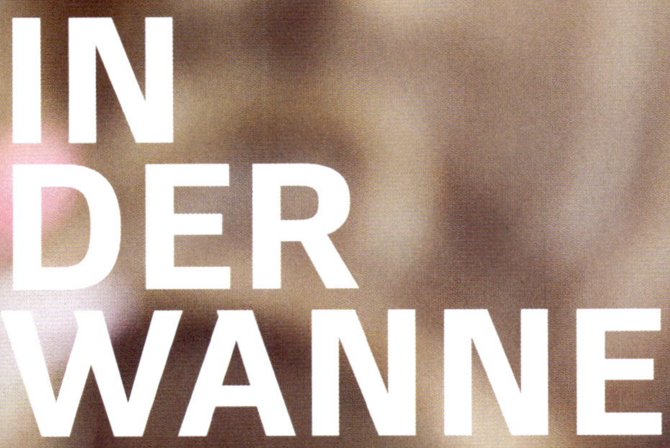

IN DER WANNE

Wird warmes Wasser wieder kalt?

Wohin geht die Wärme aus dem Wasser?

Wie wäre es ohne warmes Wasser – zum Beispiel beim Duschen und Baden?

Wie war es früher, als die Menschen noch kein warmes Wasser aus der Leitung kannten?
Woher kommt das warme Wasser – aus warmen Quellen?
Wo wird es erwärmt?
Wie können wir Wasser warm machen?
Wie sieht so ein Wasser-Erwärmer aus?

IN DER WANNE

Fließend warmes Wasser ist hierzulande für die meisten Leute heute selbstverständlich. Höchstens feine Temperaturschwankungen beim Duschen erinnern manchmal daran, dass es eigentlich ein Luxus ist, ständige über warmes Wasser zu verfügen.

Dass man kaltes Wasser durch Kochen erhitzt, wissen Kinder natürlich. Aber wo steht der „Herd" für das Warmwasser im Bad?

Tu was-Idee # 9

Wasser mit Feuer erwärmen

Kaltes Wasser kommt aus der kühlen Quelle, klar. Warmes kommt aus dem Wasserhahn oder dem Wasserkocher. Wie energieaufwendig es ist, ständig heißes Wasser bereitzustellen, könnt Ihr erproben. Mit einem kleinen Kerzen-Wasserboiler.

Das wird gebraucht:
zwei Teelichter – ein leeres und ein mit Wachs gefülltes,
eine Sektkorken-Halterung,
Streichhölzer,
Wassergefäße,
eine Stoppuhr.

Das könnt Ihr tun:
Baut einen Mini-Ofen aus einem Teelicht, über das Ihr einen Sektkorkenhalter steckt, dessen glänzende Halteplatte Ihr vorher entfernt habt. Darauf stellt Ihr – Achtung: kippelig! – ein weiteres, aber leeres Alu-Teelicht, das als Mini-Kochtopf mit Wasser gefüllt wurde. Zündet das Wachs-Teelicht an, startet die Stoppuhr und messt, wie viel Zeit vergeht, bis das Wasser erwärmt oder gar kochend heiß ist.

Das könnt Ihr spielen:
Mag jemand einen Fingerhut Tee? Möchten die Legomännchen warm baden? Probiert aus, ob man in dem Teelicht-Topf auch Mini-Suppen kochen oder ganz kleine Spiegeleier braten kann?

Darüber könnt Ihr sprechen:
Mit Feuer erhitzt kaum noch jemand Wasser, erst recht nicht das Wasser zum Duschen oder Baden. Sprecht darüber, welche Möglichkeiten Ihr kennt, Wasser zu erhitzen.

Tu was-Idee # 10

Die Sonne arbeiten lassen

Nicht nur mit Feuer oder Strom kann man Wasser erwärmen. An einem schönen, warmen Tag könnte Ihr testen, wie schnell man heißes Wasser erzeugen kann – ohne viel Arbeit.

Das wird gebraucht:
ein fester schwarzer Müllsack,
ein Gartenschlauch mit oder ohne Gartendusche,
Kabelbinder,
viel Sonne,
Wasser,
helle oder silberne Tüten.

Das könnt Ihr tun:
Legt den Müllsack auf einen Tisch, der in der prallen Sonne steht, steckt einen an den Wasserhahn angeschlossenen Schlauch hinein, zieht die Öffnung des Sacks um den Schlauch zusammen und dichtet das Ganze mit einem Kabelbinder ab. Füllt den Müllsack mit Wasser, löst den Schlauch vorsichtig vom Wasserhahn und legt ihn erhöht ab, so dass kein Wasser aus dem Müllsack herausfließen kann.

Nun scheint die Sonne auf die Mülltüte und erwärmt sie mitsamt dem Wasser. In den nächsten Stunden prüft Ihr ab und zu, wie warm das Wasser ist. Wenn es nicht zu heiß ist, könnt Ihr am Schlauchende eine Dusche anbringen und Euch warm duschen.

Geht das Ganze auch mit einem helleren Sack? Wer's wissen will, probiert es mit einer weißen Tüte oder einer Alu-Thermotasche aus und dürfte deutliche Unterschiede bemerken.

Darüber könnt Ihr sprechen:
Im Sommer braucht man selten heißes Wasser. Kann man das warme Wasser für kalte Tage aufbewahren? Hat jemand eine Idee, erfindet jemand was?

RUND UMS WASCHBECKEN

Braucht man Strom im Bad?

Was passiert im Bad, wenn der Strom ausfällt?

Wie könnte man Kleidung ohne Waschmaschine waschen?

Wie lange kann man Sachen tragen, bevor sie wirklich schmutzig sind?

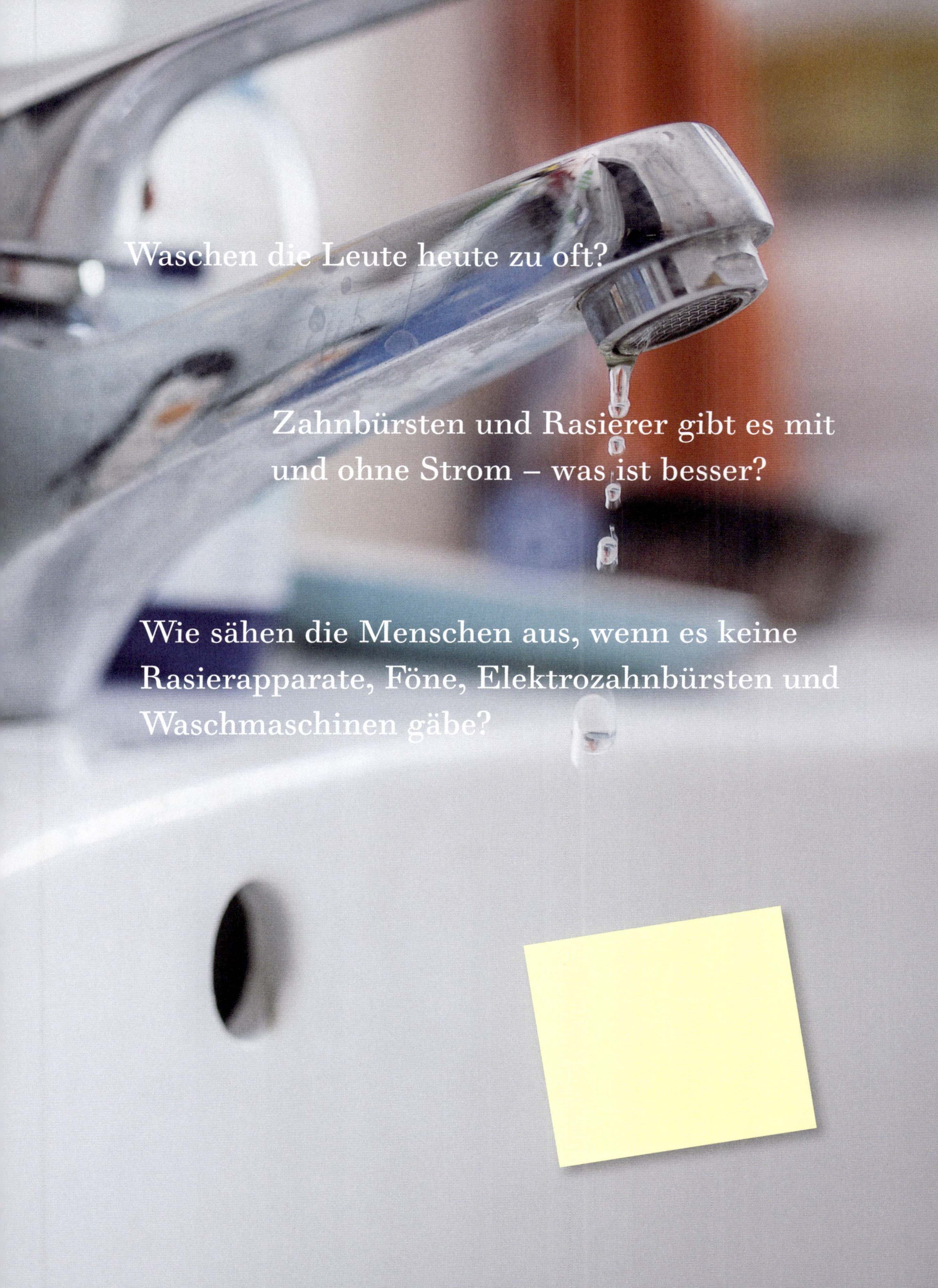
Waschen die Leute heute zu oft?
Zahnbürsten und Rasierer gibt es mit und ohne Strom – was ist besser?
Wie sähen die Menschen aus, wenn es keine Rasierapparate, Föne, Elektrozahnbürsten und Waschmaschinen gäbe?

RUND UMS WASCHBECKEN

Kaum jemand kann sich vorstellen, ohne all die elektrischen Helfer im Haushalt auszukommen. Zum Beispiel im Bad. Zahnbürste und Rasierer gibt es mit oder ohne Stromanschluss. Auch im Waschbecken kann man seine Socken waschen, nicht nur in der Waschmaschine. Das Bad ist ein guter Ort, um zu überlegen, was man wirklich baucht.

Tu was-Idee # 11

Dreckspatz sein

Sich täglich zu waschen, das kann ganz schön nerven, obwohl die Körperpflege heute – wir haben warmes Wasser, Dusche oder Wanne – eine angenehme Sache ist. Wie wäre es eigentlich, wenn Ihr – weil es plötzlich weder warmes noch kaltes Wasser gibt – ohne Waschen auskommen müsstet? Wie würdet Ihr aussehen? Und wie würdet Ihr riechen?

Das wird gebraucht:
Erde,
Hautcreme,
Joghurt,
Obstreste,
Plastikspinnen,
ein Fotoapparat.

Das könnt Ihr tun:
Wascht Euch mit selbst hergestellter Dreck-Seife. Die mixt Ihr aus Erde, anderen harmlosen, aber unsauber aussehenden Abfällen, die Ihr mit einer Creme oder mit Joghurt verrührt. Ins Gesicht damit! Eure Haare verziert Ihr mit Zweigen, Gräsern und Plastikspinnen. So fotografiert Ihr Euch.

Danach erlebt Ihr im Bad, wie es sich anfühlt, wenn man ein Dreckspatz war und plötzlich sein sauberes Gesicht im Spiegel sieht.

Darüber könnt Ihr sprechen:
Nicht jeder findet immer einen Platz, um sich zu waschen. Wer hat es nicht leicht, immer sauber zu sein? Zum Beispiel Menschen ohne Obdach oder Menschen, die wild campen. Wer über Nacht mit dem Zug oder dem Flugzeug reist, kann sich morgens auch nicht duschen. Und was tun eigentlich Tiere, die niemals baden oder duschen, um sauber zu werden?

Tu was-Idee # 12

Wäsche im Waschbecken waschen

Sie waschen, wringen und plätten, die fleißigen Waschfrauen im Kinderlied. Wirklich fleißig waren sie, denn erst vor 300 Jahren gab es die ersten Waschmaschinen. Und erst vor etwa 100 Jahren hielten diese Helfer Einzug in die Haushalte.

Wie viel Aufwand an einem Waschtag vor der Erfindung der Waschmaschine nötig war, könnt Ihr nacherleben, wenn Ihr schmutzige Stoffe mit der Hand wascht.

Das wird gebraucht:
eine Wanne,
ein altes Waschbrett oder – als Alternative – ein sauberer Gitterrost,
Kernseife,
Wäscheklammern.

Das könnt Ihr tun:
Mehrere helle Stofftücher oder T-Shirts verschmutzt Ihr mit möglichst viel Erde oder Speiseresten. Danach tretet Ihr in mehreren Gruppen zur Wasch-Meisterschaft an. Wer schafft es, per Hand am saubersten zu waschen?

Vorher vermittelst Du ein paar Grundtechniken wie: das Herstellen von Seifenlauge, das Eintunken und Scheuern, das Reiben über ein Waschbrett und das Auswringen.

Darüber könnt Ihr sprechen:
Wo ist der Schmutz geblieben? Er ist nicht weg, sondern gewandert – aus dem Stoff in das Waschwasser. Kriegt man das Wasser für die nächste Wäsche wieder sauber?

Tu was-Idee # 13

Ohne Ende putzen

Menschen gibt es schon sehr lange, aber die Zahnbürsten aus Plastik oder gar die mit Strom sind erst seit relativ kurzer Zeit in Gebrauch. Wie haben die Menschen früher für saubere Zähne gesorgt? Erprobt die Urform der Zahnbürste!

Das wird gebraucht:
eine kleine Säge,
weiche Zweige,
Schnitzmesser,
kleine Spiegel,
klebriges Essen.

Das könnt Ihr tun:
Von einem Laubbaum – Achtung: nur bekannte, ungiftige Arten auswählen – schneidet Ihr 10 Zentimeter lange und etwa 1 Zentimeter dicke Zweige ab. Von der Rinde entfernt Ihr an einer Seite 1 Zentimeter und kaut auf dieser Stelle herum, bis sich die Holzfasern struppig wie Borsten voneinander lösen und eine Art Bürste entsteht. Damit könnt Ihr Eure Zähne schrubben. Um die Bürste einem Härtetest zu unterziehen, könnt Ihr vor dem Putzen ein klebriges Bonbon oder anderen Zahnkleister zerkauen.

Darüber könnt Ihr sprechen:
Es gab noch andere Möglichkeiten, sich die Zähne ohne Plastikzahnbürste zu putzen – zum Beispiel wie die Römer mit Lappen und Marmormehl. Die alten Griechen schworen auf zerriebene Minze, die Chinesen experimentierten mit Bürsten aus Schweineborsten.

Wer hat eine Idee, die Zähne sauber zu kriegen, wenn weder Zahnbürste noch Zahncreme greifbar sind?

Noch mehr Putz-Ideen

14 Baut Natur-Bürsten für Natur-Frisuren – zum Beispiel aus Holzstücken, kleinen Zweigen oder Tannenzweigen. Dazu braucht Ihr einen Kastanienbohrer, eine Schere, eine Säge und Heißkleber zum Zusammenbauen.

15 Erfindet einen Fön mit Handbetrieb – zum Beispiel eine Art Fächer, mit dem Ihr jemandem, der nasse Haare hat, sonnenwarme Luft zufächelt.

16 Stellt Kastanien-Waschmittel her. Ihr sammelt Kastanien, schneidet sie in Stücke, die Ihr einen Tag in Wasser stehen lasst oder kurz auskocht. Probiert im Waschbecken, ob sich das Waschmittel zum Waschen eignet. Weitere Informationen findet Ihr unter: http://www.smarticular.net/waschmittel-aus-kastanien-herstellen.

17 Meine Idee:

IN DER TOILETTE

Wohin gelangt das Abwasser, wenn es im Ausguss oder Klo verschwindet?

Was passiert, wenn es Verstopfungen gibt?

Wie gelangt das Wasser ins Klärwerk? Woher weiß es den Weg?

Kann man die Abwasserkanäle anschauen? Stinkt es dort nicht entsetzlich?

Leben Tiere in den Kanälen?

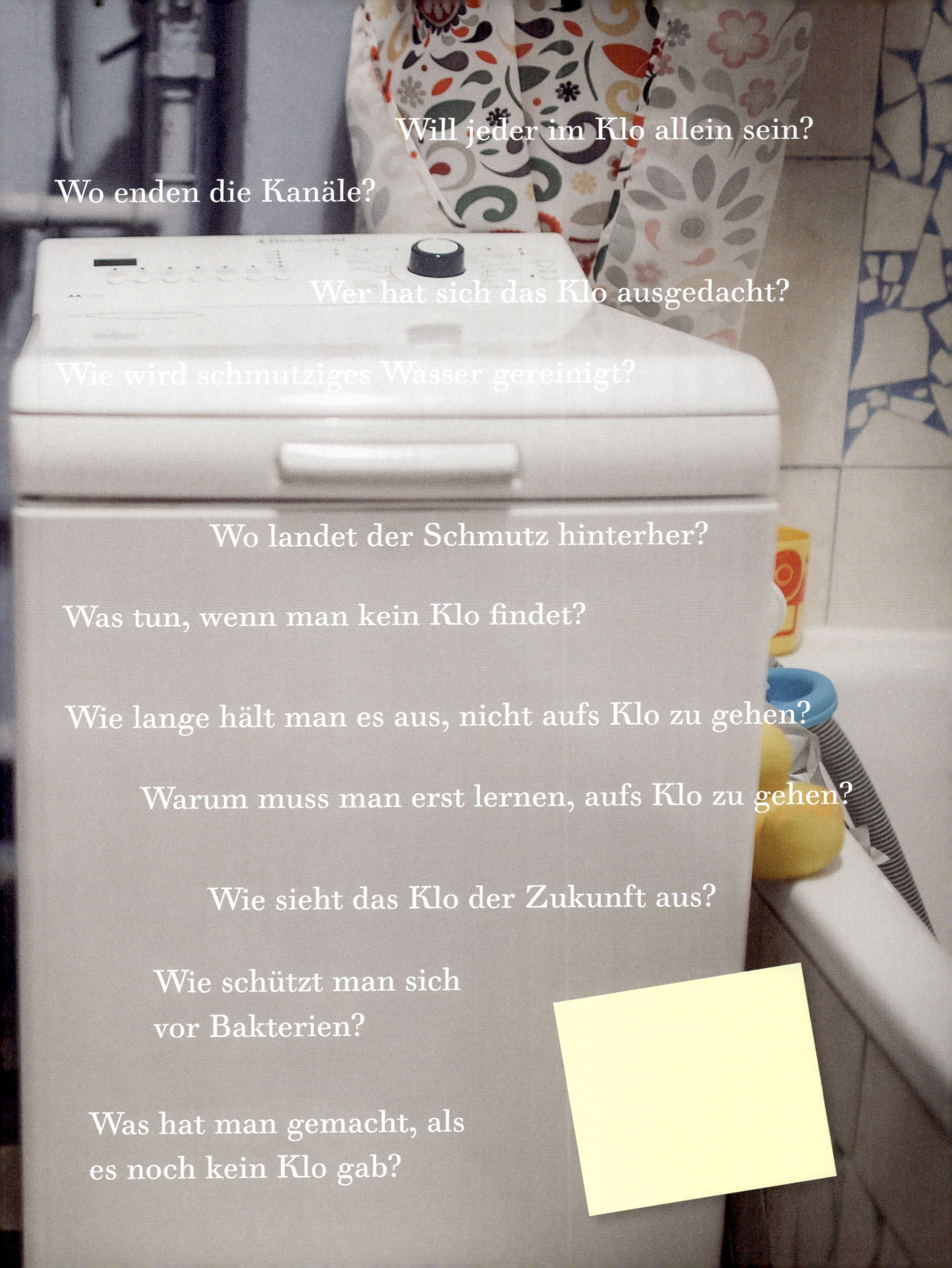

Will jeder im Klo allein sein?

Wo enden die Kanäle?

Wer hat sich das Klo ausgedacht?

Wie wird schmutziges Wasser gereinigt?

Wo landet der Schmutz hinterher?

Was tun, wenn man kein Klo findet?

Wie lange hält man es aus, nicht aufs Klo zu gehen?

Warum muss man erst lernen, aufs Klo zu gehen?

Wie sieht das Klo der Zukunft aus?

Wie schützt man sich
vor Bakterien?

Was hat man gemacht, als
es noch kein Klo gab?

IN DER TOILETTE

Manchmal starren Kinder regelrecht hinein – in das schwarze Loch im Waschbecken, in der Wanne oder der Toilette. Kein Wunder, denn durch das Loch geht es ins Unbekannte, nämlich in ein Rohrsystem, das das schmutzige Wasser oder unsere Hinterlassenschaften aufnimmt und ins Klärwerk weiterleitet.

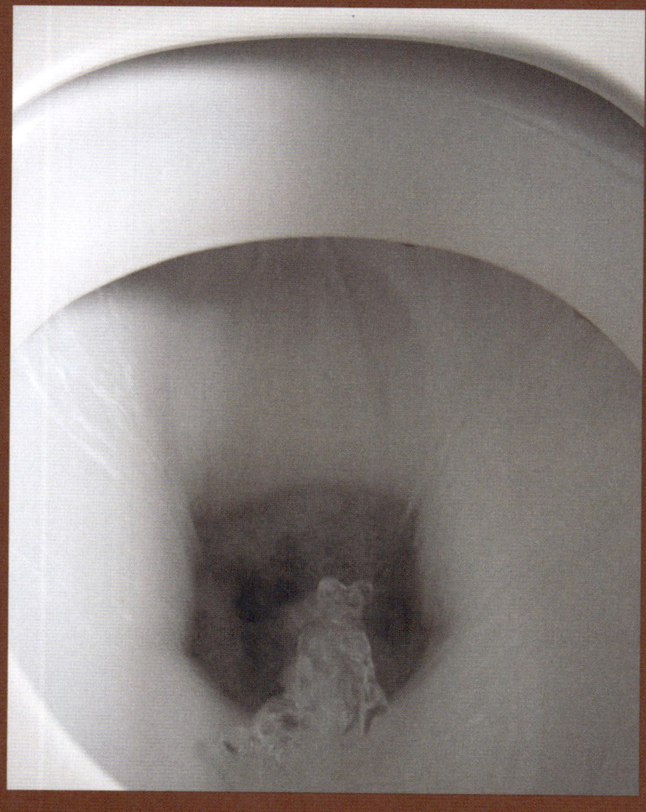

Tu was-Idee # 18

Toilettenpapier erfinden

Kaum zu glauben, dass das weiche Reinigungstuch für zarte Popos in unseren Breiten erst seit etwa 100 Jahren hergestellt wird. Was man vorher nutzte, klingt heute extrem unattraktiv: Läppchen, Blätter, Zeitungen, Stroh und gar lebendes Federvieh.

Überlegt, was man notfalls als Klopapier benutzen könnte, wenn es die Rollen nicht gäbe.

Das wird gebraucht:
leere Klopapier-Innenrollen,
Klebeband,
verschiedene Fundmaterialien,
eventuell Klopapier-Abroller,
ein langes Rohr in Besenstiel-Dicke.

Das könnt Ihr tun:

Welche Dinge im Haus oder in der Natur wären geeignet, notfalls anstelle von Klopapier verwendet zu werden? Sammelt Eure Funde und bringt sie mit darüber gezogenen Gummibändern auf leeren Klopapier-Innenrollen an. Diese Fund-Rollen könnt Ihr auf einzelnen Klopapier-Abrollern, auf einem langen Rohr oder Besenstiel präsentieren. Denkt Euch aus, welches Papier Euch gefallen würde und welches Ihr nur im Notfall benutzen würdet.

Darüber könnt Ihr sprechen:

Was passiert eigentlich mit dem Klopapier, das heruntergespült wird? Löst es sich auf? Schwimmt es in die Kläranlage? Oder wird es gesammelt und irgendwo weiterverarbeitet? Zum Beispiel als Brennmaterial wie in Indien.

Habt Ihr schon mal erlebt, dass man Klopapier nicht in der Toilette, sondern im Eimer daneben entsorgt? Warum macht man das so?

Tu was-Idee # 19

Toiletten entwerfen

Weiß, rundlich, mit Brille und Deckel: Bei uns sehen sich die Klos immer ziemlich ähnlich. Auch die Räume, in denen sie stehen, sind sich ähnlich und meist langweilig. Auf dem Lande gibt es in Deutschland manchmal noch Klohäuschen auf dem Hof. Wenn Du nachts pinkeln musst, überlegst Du Dir das dann zweimal.

Wie wäre es, sich Klos auszudenken, in die man kommt, ohne über den dunklen Hof zu schleichen, und in denen das Sitzen Spaß macht?

Das wird gebraucht:

Legosteine,
Pappkartons,
verschiedene Deko-Materialien,
runde Joghurt-Becher,
Flüssig- oder Heißkleber,
bunte Folien,
Erde oder Sand,
Papier und Stifte.

Das könnt Ihr tun:

Wie müsste ein besonders tolles WC aussehen, was müsste es dort für Attraktionen geben? Baut Mini-Modelle. Aber Achtung: Strenges Benutzungsverbot!

Darüber könnt Ihr sprechen:

Wer hat sich auf dem Klo schon mal gefürchtet? Wovor? Wer lässt lieber die Tür offen?

Wer hat schon mal befürchtet, dass Püppchen oder Teddy für immer dort verschwindet? Wer hat schon mal gedacht, dass gleich ein Monster aus dem Abfluss aufsteigt?

Was habt Ihr schon alles auf dem Klo gemacht – außer das, wozu es da ist?

Tu was-Idee # 20

Latrinen und Plumpsklos

Klos gab es nicht schon immer. Und nicht überall. Es macht Spaß, herauszufinden, wie und wo man früher und anderswo sein „Geschäft" erledigte.

Das wird gebraucht:
Bücher wie (TITEL EINFÜGEN!) oder Abbildungen von Plumpsklos aus dem Netz: Latrinen, mittelalterliche Burg-Abtritte, WCs der Römer; Baumaterialien wie bei der vorherigen Idee; Papier und Stifte.

Das könnt Ihr tun:
Ermittelt in Büchern, welche Klos die Menschen früher hatten. Baut sie nach oder malt Bilder dazu.

Darüber könnt Ihr sprechen:
Was war bei den Klos von früher anders, und was war so ähnlich wie heute? Warum benutzten die Menschen ihre Klos früher gemeinsam? Warum mögen wir das heute nicht mehr? Was war früher besser oder leichter – und was war ekliger oder gefährlicher?

Welche Arten von Klos habt ihr in anderen Ländern schon gesehen? Warum ist anderswo etwas ganz normal, was für uns fremd ist?

Tu was-Idee # 21

Ins-Klo-fall-Geschichten erzählen

Wer hat schon mal erlebt, dass etwas ins Klo fällt, das nicht hineingehört, und weggespült wird? Überlegt, wohin die verschwundenen Dinge gelangen. Erzählt oder malt Geschichten, die diese Dinge auf ihrer Reise erleben könnten – bis sie im Klärwerk wieder auftauchen.

Das wird gebraucht:
Abbildungen von Gullys, Abwasserkanälen und Klärwerken;
Brotteig oder Play-Mais;
Papier und Stifte;
Pinsel und Farben.

Das könnt Ihr tun:
Trefft Euch am Klo und überlegt, wohin die weggespülten Dinge verschwinden. Wenn Ihr es anschaulich mögt, knetet Ihr eine Figur aus Play-Mais oder Brötchen-Teig und schickt sie auf die Reise. Ihr spült sie runter und denkt Euch aus, wo sie in ein paar Minuten oder später sein könnte. Betrachtet Fotos von Gullys und Abwasserkanälen. Malt Bilder von der Reise Eures Knetmännleins durch die Kanalisation.

Darüber könnt Ihr sprechen:
Kann man das, was man ins Klo gespült hat, wirklich auf dem Weg zur Kläranlage begleiten? Kommt unsere Figur an – oder hat sie sich vorher aufgelöst? Wem ist schon mal etwas Wertvolles ins Klo gefallen? Konnte es wiedergefunden werden?

Tu was-Idee # 22

Einen Kanal bauen

Unter den Straßen und Bürgersteigen befindet sich das Abwasserkanalsystem. Baut diese unterirdische Welt nach.

Das wird gebraucht:

Ausgemusterte Umzugskartons in verschiedenen Größen, die nicht viel kosten oder von Umzugsunternehmen vielleicht sogar verschenkt werden;
Kastanienbohrer;
lange Kabelbinder;
Klebeband, Cutter und Arbeitshandschuhe.

Das könnt Ihr tun:

Baut das Abwassersystem als Kriechgang nach: Die Endseiten der Kartons klappt Ihr auf und klebt zwei Kartons mit Klebeband zusammen. Schneidet mit einem geriffelten Gemüsemesser Kriechlöcher in die Seitenwände von Kartons, um mehrere Kartons über Eck verbinden zu können. Als Gullys bieten sich aufgestellte Kleiderkartons an, in die oben runde Öffnungen geritzt werden und in denen zwei, drei oder gar vier Karton-Straßen zusammentreffen. Der Karton am Anfang wird bemalt und zum Klo ernannt. Am Ende steht ein Planschbecken als Klärwerk. Und ab geht es durch den Kanal!

Darüber könnt Ihr sprechen:

Wie mag es im echten Kanalsystem riechen – furchtbar oder halbwegs erträglich? Wie ist das für die Menschen, die hinuntersteigen müssen, um dort etwas zu reparieren? Stimmt es, dass dort Ratten und andere Tiere leben?

Tu was-Idee # 23

Wasser filtern

Das Schmutzwasser wird nicht nur weggeleitet, sondern am Ende gereinigt – im Klärwerk. Was passiert im Klärwerk, damit aus schmutzigem Wasser sauberes Badewasser wird? Probiert es aus, indem Ihr einen Filter baut.

Das wird gebraucht:

eine große Plastikflasche;
Sand, Erde und Kies;
schmutziges Wasser;
Auffangbecher;
Schere oder Säge.

Das könnt Ihr tun:

Stellt zunächst das Gehäuse für Euren Filter her: Dafür sägt oder schneidet Ihr bei einer Plastikflasche den Boden ab. Nun könnt Ihr die umgedrehte Flasche von oben mit Filtermaterialien füllen, und zwar am besten in der Reihenfolge, die der Filterfunktion der Erde entspricht: Zuerst gebt Ihr groben, dann feineren Kies hinein, darüber Sand, ganz oben Erde. Mixt Wasser mit Straßendreck und lasst es durch die Flasche laufen. Wenn es nicht gleich beim ersten Mal blitzsauer im Auffangbecher landet, müsst Ihr mehrere Durchläufe starten.

Darüber könnt Ihr sprechen:

Wo bleibt der Schmutz? Richtig, er sitzt jetzt zwischen Steinen, Sand und Erde. Kann es sein, dass der Filter irgendwann verschmutzt ist? Was tut man dann?

Noch mehr Toiletten-Ideen

 # 24 Jedes Tier muss mal, aber wie? Findet heraus, wie Tiere das machen. Ist das praktisch oder eklig?

 # 25 Erklärt ein harmloses Tier-Häufchen – von der Kuh, einem Schaf oder einem Vogel – zur Forscherstation. Beobachtet und fotografiert, wie Kleintiere den Kot allmählich entfernen und verarbeiten.

 # 26 Meine Idee:

IM KINDERZIMMER

Wie viele Spielzeuge besitze ich?

Wie viele davon liebe ich?

Welche Dinge würde jemand anders vielleicht besser gebrauchen können als ich?

Wo werden Spielzeuge gemacht?

Wer baut sie?

Woraus bestehen sie?

Gibt es Kinder, die kein Spielzeug haben?
Sind sie sehr unglücklich?

Bauen sie sich vielleicht
selbst Spielzeug?

Kann ich mit aussortiertem
Spielzeug noch etwas
anfangen?

IM KINDERZIMMER

„Mein Haus, mein Auto…“ – wenn es ein Prestige-Objekt für Kinder gibt, dann ist es wohl das Spielzeug. Von einem gewissen Alter an lassen Kinder sich mehr und mehr von der Werbung manipulieren und prahlen gern mit ihrem Besitz, obwohl sie den alten, einäugigen Teddy eigentlich am liebsten haben. Ein guter Ansatzpunkt, um über geliebte und unnütze Dinge, über den schönen Schein nachzudenken.

Tu was-Idee # 27

Spielzeug fotografieren

Die meisten Menschen hierzulande können kaum überschauen, wie viele Gegenstände sie eigentlich besitzen. Ihr merkt das, wenn Ihr all Euer Spielzeug mal durchzählt und es für ein Foto aufbaut.

Das wird gebraucht:

ein Fotoapparat,
ein Tischtuch oder eine Papierbahn als Präsentierfläche,
eventuell eine Leiter, um von oben zu fotografieren.

Das könnt Ihr tun:

Legt fest, wer welche Spielzeugart einsammelt, um sie für ein Foto des Gesamtbesitzes herbeizuschaffen. Denkt Euch eine oder mehrere Ordnungen aus, um die Dinge zu fotografieren: Geordnet nach Spielzeugart – alle Autos, alle Puppen, alle Bausteine? Nach Farbe – alles Rote, alles Blaue, alles Bunte? Nach Größe – von ganz klein bis groß, in einer langen Spirale? Oder als farbiger Bodenbelag, wie ein Teppich aus Spielzeug?

Darüber könnt Ihr sprechen:

Welche Spielzeuge haben wir zu Hause? Wer könnte davon ein Foto machen und es mitbringen? Warum haben viele Kinder daheim so viel Spielzeug und so wenig Zeit zum Spielen? Mit welchen Spielzeugen habt Ihr schon lange nicht mehr gespielt? Wie wäre eine Tauschbörse? Haben Erwachsene auch Spielzeug?

Tu was-Idee # 28

Tauschen macht glücklich

Wie fühlt es sich an, jede Woche mit anderen Dingen spielen zu können? Dass Tauschen glücklicher macht als besitzen, merkt Ihr, wenn Ihr eine Spielzeug-Tausch-Zeit verabredet – vielleicht probeweise für eine Woche? Alle bringen zwei bis drei Spielzeuge mit und verleihen sie an andere Kinder.

Das wird gebraucht:

ein Regal,
Karteikarten und ein Karteikasten,
Stifte,
ein Brief an die Eltern, der über die Tauschaktion informiert.

Das könnt Ihr tun:

Stellt ein Ausleih-Regal im Raum auf. Hinein kommen Spielzeuge, die Ihr zu Hause nicht mehr dringend braucht. Andere Kinder können sie ausleihen, um damit zu spielen.

Um nicht durcheinanderzukommen, müsst Ihr ein Verleihsystem erfinden: Ihr legt für jedes Spielzeug eine Leihkarte mit einem Bild des Gegenstands an. Darauf schreibt das Kind, das den Gegenstand ausborgt, seinen Namen. Bringt es das Spielzeug zurück, dann streicht es seinen Namen durch.

Darüber könnt Ihr sprechen:

Macht es Spaß, Dinge von anderen Kindern zu benutzen? Wer hatte Angst, dass sein Spielzeug schlecht behandelt werden oder kaputt gehen könnte?

Welche Dinge, die man zu Hause hat, könnte man mit anderen Menschen teilen – das Auto, die Waschmaschine, Lebensmittel, den Fernseher, den Kühlschrank? Was könnte daran nerven? Tauschen statt Kaufen spart Geld. Was würdet Ihr mit dem gesparten Geld tun?

Tu was-Idee # 29

Tüten-Tiere bauen

Schön sehen die afrikanischen Tüten-Tiere aus, obwohl sie aus aussortierten Plastikfolien bestehen. Probiert mal, diese Technik nachzuahmen.

Das wird gebraucht:
Plastikfolien oder Plastiktüten,
Draht,
Kneifzange und Schere,
Flüssigkleber.

Das könnt Ihr tun:
Wie könnte ein Tüten-Tier hergestellt werden? Probiert aus, wie man Plastiktüten knüllen und in der Knüllform mit Draht fixieren kann, um Figuren zu bauen.

Als Profis nutzt Ihr die Pompom-Bauweise: Ihr schneidet mindestens zehn gleichgroße, rechteckige Tütenstücke zurecht – vielleicht 15 x 30 Zentimeter – und legt sie hochkant hin, damit Ihr den Stapel von oben wie eine Ziehharmonika falten könnt. Um die gefalteten Tüten zieht Ihr einen Draht, knotet ihn zu und fächert die Tüten auf. So entsteht eine Art Ball, der nun vorsichtig in Tierform zurechtgeschnitten wird.

Darüber könnt Ihr sprechen:
Selbstgebautes statt in der Fabrik hergestelltes Spielzeug ist etwas Besonderes. Ist es wertvoller als gekauftes Spielzeug? Oder ist es das nicht, weil es nicht viel kostet?

Tu was-Idee # 30

Spielzeug-Maschinen erfinden

Maschinen sind als Spielzeuge schon lange beliebt: die Dampfmaschine, die Lokomotive, das Auto, das Flugzeug und zahllose Küchengeräte im Mini-Format. Wie wäre es, selbst Spielzeug-Maschinen zu erfinden? Baut sie, zeichnet sie und schaut sie Euch auf dem Projektor an.

Das wird gebraucht:
Licht-Variante:
ein OH-Projektor mit transparenter Schutzfolie,
mit Reinigungsbenzin gesäuberter Fahrrad-Schrott wie Kettenräder: beim Fahrradhändler nachfragen,
Elektro-Teile aus der Auseinanderbau-Ecke,
Spielzeugmüll-Teile,
Farbfolien.

Papier-Variante:
ein Leuchttisch und Farbfolien,
Kopierer oder Scanner,
Zahnräder und interessant geformte Teile,
Scheren,
Klebestifte und Filzstifte,
ein grauer Papierbogen als Lege-Untergrund.

Das könnt Ihr tun:
Die Licht-Variante: Aus Zahnrädern und interessant geformten Teile legt Ihr auf der Leuchtfläche Fantasie-Maschinen, die schwer beeindrucken, wenn sie ins Riesenhafte vergrößert auf der Wand erscheinen. Durch vorsichtiges Drehen könnt Ihr sogar eine bewegliche Maschine auf die Wand projizieren. Selbst erzeugte Polter- und Knattergeräusche liefern den passenden Sound.
Die Papier-Variante: Mit den Kindern kopierst Du viele kleine Teile – auch in Vergrößerung. Sie werden ausgeschnitten und auf dem Untergrundpapier zu Maschinen zusammengesetzt. Toll sieht die schwarzweiße Maschine aus, wenn sie mit Filzstift oder Textmarker etwas Farbe bekommt.

Darüber könnt Ihr sprechen:
Was können Eure Maschinen? Nehmen sie uns Arbeiten ab? Bringen sie uns richtig in Schwung?

Noch mehr Spielzeug-Ideen

31 Sammelt Spielzeugprospekte, schneidet Bilder aus und sortiert: Welches Spielzeug hätte wer gern? Welches Spielzeug habt Ihr, findet es aber langweilig? Welche Spielzeuge fehlen Euch in den Prospekten?

32 Verbannt alle Spielzeuge aus dem Raum. Sammelt Dosen, Joghurtbecher, Strohhalme, Schaschlikstäbe, Deckel und anderen Krimskrams, um daraus mit Kleber und guten Ideen neue Spielzeuge zu bauen.

33 Meine Idee:

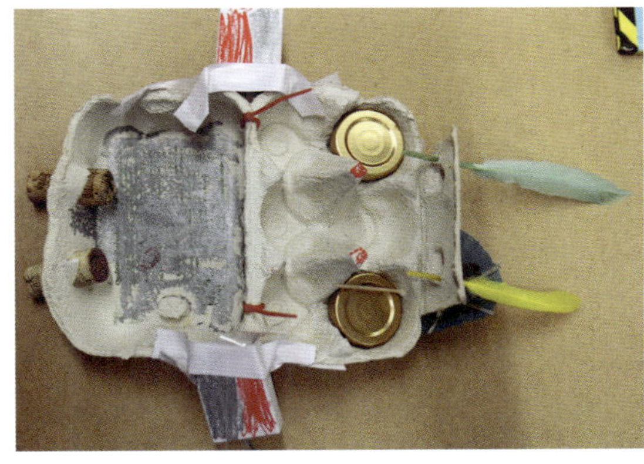

AM MÜLLPLATZ

Sind alle Dinge im Müll kaputt und wertlos?

Wo bringt das Müllauto den Müll hin?

Was geschieht dort mit ihm?

Können sich die Männer von der
Müllabfuhr etwas Brauchbares
aus dem Müll aussuchen
und mitnehmen?
Kann man aus Müll etwas
Sinnvolles herstellen?
Wozu gibt es verschiedene Mülleimer?

AM MÜLLPLATZ

Nach dem Einkauf ist der Gang zum Mülleimer meist unvermeidlich, weil viele Waren verpackt sind. Andere Produkte werden nicht spurlos verbraucht. Es bleibt etwas übrig, und sei es der Joghurtbecher.

Dass so manches noch nutzbar sein könnte, muss man Kindern nicht erklären, denn sie haben ein natürliches Verhältnis zum Wiederverwerten bereits aussortierter Dinge. „Das brauche ich noch“, sagen sie und fischen eine Schachtel aus dem Mülleimer. Nimm das ernst – und macht was draus!

Tu was-Idee # 34

Roh-Materialien erkennen

Was waren die Spielzeuge, bevor sie Spielzeuge wurden? Wie Brot aus Mehl und Wasser gemacht wird, wird auch Spielzeug aus Roh-Materialien hergestellt. Deshalb: Sortiert die Dinge mal nicht nach Form oder Farbe, sondern nach dem Material, aus dem sie bestehen.

Das wird gebraucht:
Schilder aus Papierstreifen mit den Namen der wichtigsten Materialien.

Das könnt Ihr tun:
Sprich zuerst mit den Kindern, welche Materialien sie kennen und woran man sie erkennt: Riecht ein Material wahrnehmbar, ist ein charakteristisches Geräusch damit verbunden, ist es zerbrechlich, hat es eine typische Farbe, lässt es sich verformen oder bleibt starr? Danach sucht Ihr alle möglichen Dinge und ordnet sie den Namensschildern zu.

Darüber könnt Ihr sprechen:
Welches Material habt Ihr am häufigsten gefunden? Wie werden die Dinge aus dem Material wohl hergestellt? Wenn Spielzeuge oder andere Dinge kaputt gehen: Kann man dann das Material, aus dem sie bestehen, noch zu etwas anderem verwenden?
Heutzutage sortiert man den Müll – warum? Und in welche Tonne gehört welches Material?

Tu was-Idee # 35

Materialien zerlegen

Dinge, die funktionieren, solltet Ihr besser nicht in Einzelteile zerlegen. Bei aussortierten und kaputten Materialien ist das erlaubt. Zerlegt Ihr sie in kleinste Einzelteile, erfahrt Ihr etwas über deren Aufbau – und kommt vielleicht auf Ideen für neue Spielzeuge.

Das wird gebraucht:
Schadhafte und aussortierte Spielmaterialien,
Kleinelektrogeräte,
Kleinmöbel,
feine Kreuzschlitzschraubenzieher und Kneifzangen,
Metall- und Holzsägen,
Hämmer,
Heißkleber,
Arbeitsplatten und Befestigungsklammern.

Das könnt Ihr tun:
Untersucht, wie die Materialien oder Geräte zusammengesetzt wurden, und versucht, sie an diesen Stellen auseinanderzunehmen. Elektrogeräte – Achtung: Netzkabel vorher immer abschneiden und wegwerfen! – lassen sich meist durch das Lösen aller sichtbaren und versteckten Schrauben öffnen.

Bei gut verklebten Holzautos ist das Hämmern und Absägen von Teilen erlaubt, bei Plastikspielzeugen bietet es sich meist an, mit der Metallsäge oder Blechschere zu arbeiten.

Baut alle Teile aus, die man irgendwie ablösen kann. Diese Teile legt Ihr aus und versucht, sie probeweise zu neuen Objekten zusammenzusetzen. Was könnte wozu passen? Und welche Form ergibt sich daraus? Lustige Erfindungen könnt Ihr mit Heißkleber zusammenleimen oder fotografieren und wieder neu zusammensetzen.

Darüber könnt Ihr sprechen:
Wer hat das Gerät oder Spielzeug eigentlich gebaut – Menschen oder Maschinen? Und wer hat es sich ausgedacht?
Viel kaputt ist an defekten Dingen meistens nicht. Oft ist es nur ein Teil, das nicht mehr funktioniert. Was wäre, wenn man kaputte Dinge nach dem Auseinanderschrauben reparieren und wieder zusammensetzen könnte? Wie war das früher?

Tu was-Idee # 36

Wegwerfen oder aufheben

Was wäre eigentlich, wenn man den ganzen Verpackungsmüll nicht wegwerfen, sondern säubern und wiederverwenden würde? Probiert aus, was passiert, wenn Ihr eine oder zwei Wochen nichts in den Gelben Sack werft.

Das wird gebraucht:
große offene Sammelbehälter, zum Beispiel Plastikboxen;
Spülmittel;
Waschbecken;
jede Menge hygienisch tragbaren Müll.

Das könnt Ihr tun:
Sammelt den Müll tagsüber wie immer. Nachmittags oder zu Beginn des nächsten Tages reinigt und sortiert Ihr ihn – am besten in Sammelboxen, die jeweils für eine bestimmte Materialsorte gedacht sind und in einer Reihe aufgestellt werden.

Ist etwas Zeit vergangen, macht Ihr den Materialtest, indem ihr bei jeder Materialart überlegt, was man daraus machen könnte, wenn man sie umformt, verklebt, locht, bemalt, stapelt oder auf besondere Weise anordnet.

Darüber könnt Ihr sprechen:
Überlegt, ob alle Verpackungen wirklich nötig sind. Warum verwendet man eigentlich Gefäße und Verpackungen nicht wieder für die nächsten Lebensmittel?

Tu was-Idee # 37

Häuser aus Müll bauen

Drei Wochen lang Müll gesammelt? Dann wird es Zeit, daraus neue, sinnvolle oder schöne Dinge herzustellen. Probiert Eure oder die folgenden Ideen aus und verwandelt Müll in Bauwerke.

Das wird gebraucht:
die Müllsammlung,
ein- und doppelseitiges Klebeband,
Heißkleber oder Flüssigkleber,
Bohrer und Scheren,
weitere Werkzeuge nach Bedarf.

Das könnt Ihr tun:
Mit Milchpackungen bauen: Die rechteckigen Milchpackungen lassen sich wie Bausteine verarbeiten, um Gebäude oder eine Art Skelettkonstruktion zu errichten. Beim Bauen dienen winzige Klebebandstreifen oder Flüssigkleber als Mörtel. Wollt Ihr eine Fachwerkkonstruktion errichten, könnt Ihr von zwei Milchpackungen die Giebel abschneiden und sie ein Stück ineinanderstecken. So erhaltet Ihr einen langen Riegel, der mit weiteren Riegeln verbunden werden kann, bis Türme entstehen.

Mit Joghurtbechern bauen: Die leichten Becher lassen sich gut aufeinander stapeln, wenn sie verschiedene Durchmesser haben. Gleichgroße Becher könnt Ihr mit Heißkleber benetzen und sie mit den Öffnungen aufeinander kleben, um stabile Turmbauelemente zu erhalten. Mit der Heißklebepistolenspitze könnt Ihr Löcher in das Plastik-Material bohren, um Strohhalme hineinzustecken.

Mit Plastikflaschen bauen: Diese Flaschen lassen sich, wenn Ihr ein Loch in sie gebohrt habt, leicht zerschneiden. Mittels Längsschnitten könnt Ihr Blumen oder Fahrzeugkarosserien daraus machen. Füllt Ihr die Flaschen mit Sand, werden sie zu ernstzunehmenden Bausteinen für Iglus oder ähnliche Behausungen. Das funktioniert übrigens auch mit Milchpackungen.

Darüber könnt Ihr sprechen:
In südlicheren Gegenden der Welt nutzen Leute, die wenig Geld haben, Müll als Baumaterial. Schaut Euch Bilder von pfiffigen Müll-Bau-Ideen an, zum Beispiel afrikanische Hütten aus sand- und lehmgefüllten Plastikflaschen.

Noch mehr Müll-Ideen

38 Findet heraus, welche Dinge den größten Müll-Anteil ausmachen. Kaputtes Spielzeug, Essensreste oder die Verpackungen?

39 Versucht, für ein verpackungsfreies Frühstück oder eine Vesper einzukaufen. Bei welchen Lebensmitteln ist das leicht? Bei welchen ist es schwer? Wie könnte man sich beim Kauf von Milch, Butter oder Schmierkäse behelfen?

40 Meine Idee:

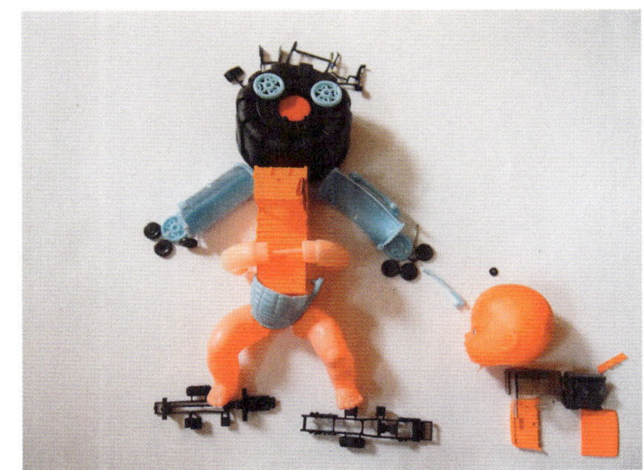

AM
KLE
SCHR
Wie viele Anziehsachen braucht man?
Gibt es Menschen, die zu wenige Anziehsachen haben? Wie behelfen sie sich?
Wer überlegt sich, wie Kleidungsstücke aussehen sollen? Wer näht sie?

Wo werden Kleidungsstücke hergestellt?

Kann man seine Kleidung
selbst herstellen?

Was passiert, wenn man
Lieblingssachen immer weiter trägt?
Lösen sie sich irgendwann auf?

Kann man kaputte Kleidung reparieren?

Kann man aus kaputter
Kleidung noch etwas machen?

Wohin kann man Sachen bringen, aus
denen man herausgewachsen ist?

Welche Kleidungsstücke
sind modern?

AM KLEIDER-SCHRANK

Passt mir nicht mehr, gefällt mir nicht mehr. Am Kleiderschrank merkt man, dass aus neuen Sachen ganz schnell „Müll“ werden kann. Zwar sind die Kleidungsstücke nicht kaputt oder zu klein, sondern nicht mehr modern oder haben die falsche Farbe. Könnte man sie nicht weitergeben?

Schon Kindern wird heute weisgemacht, dass bestimmte Kleidungsstücke besonders wertvoll sein sollen, weil sie von einer „Marke“ sind. Hat diese äußere Festlegung eigentlich etwas damit zu tun, ob Ihr so ein Bekleidungsstück schön findet?

Tu was-Idee # 41

Einen Kleidermarkt eröffnen

Fast jedes Kind hat Sachen, die ihm nicht mehr passen oder gefallen. Und in jeder Kita gibt es eine ständig wachsende Sammlung von Fundsachen ohne Besitzer. Mit all diesen Klamotten könnt Ihr einen Kleidermarkt eröffnen, auf dem Kinder selbst entscheiden und ausprobieren, was ihnen gefällt und gut steht.

Das wird gebraucht:
Tische und Bänke,
Spiegel und Schnur,
Stoff und Kleiderbügel,
Pappe und Stifte,
ein Locher,
Etiketten, Spielgeld und Tüten.

Das könnt Ihr tun:
Verabredet für einen Tag in der kommenden Woche, ausgediente Bekleidungsstücke mitzubringen. Besprich mit den Eltern, ob es in Ordnung ist, dass Kleidungsstücke ihre Besitzer wechseln. Richte mit den Kindern in Eurem Raum Marktstände ein, wofür Ihr neben Kleiderständern und Tischen Umkleideräume – aus aufgehängten Tüchern oder zusammengeschobenen Möbeln – und einen Kassenbereich braucht. Bereitet die mitgebrachten Kleidungsstücke für den Verkauf vor, indem Ihr aus Etiketten oder gelochten, mit Schnürchen angebundenen Pappstücken Preisschilder herstellt. Überlegt, wer Verkäufer sein will, und was man zu tun hat, um die Ware loszuwerden.

Vielleicht wird ja aus mancher Anziehprobe ein Geschäft, weil Kleidungsstücke Kindern so gut gefallen, dass sie sie behalten möchten? So könnte Euer Kleidermarkt wirklich zu einem Kinderkleidertauschmarkt werden.

Darüber könnt Ihr sprechen:
Über Preise: Wer entscheidet in Wirklichkeit, wie teuer ein Kleidungsstück ist? Welche Eigenschaften machen ein T-Shirt oder eine Hose teuer oder billig?
Über Verkäufer: Wie bringt man Menschen dazu, mehr zu kaufen, als sie möchten? Ist das pfiffig oder gemein? Wer war nach einem Einkauf – ob Bekleidung oder Spielzeug – schon mal enttäuscht?
Über Entscheidungen: „Das ziehst du heute nicht an“, hören Kinder, wenn sie etwas aus dem Kleiderschrank nehmen. Wer darf selbst entscheiden, was er oder sie anzieht, wer nicht? Ist es besser, wenn Erwachsene bestimmen, was angezogen wird?

Tu was-Idee # 42

Aus T-Shirts Garn machen

Irgendwann sind alle Kleidungsstücke reif für die Tonne. Oder für die Schere: Es gibt viele Möglichkeiten, aus alten Sachen neue Rohstoffe zu gewinnen. Besonders eignen sich T-Shirts, weil deren Stoffe sich nicht nur leicht schneiden lassen, sondern sich wie dickes Garn zusammenrollen.

Das wird gebraucht:
alte T-Shirts, Scheren,
ein Lagerplatz.

Das könnt Ihr tun:
Breitet die T-Shirts vor Euch aus. Trennt mit einer Textilschere die Ärmel einschließlich der Nähte ab. Schneidet von der Seitennaht aus alle 2 bis 3 Zentimeter einen Einschnitt in den Stoff, um, davon ausgehend, das Shirt in schmale Querstreifen zu reißen. Schon beim Reißen ringeln sich die Streifen zu Schnüren zusammen. Diesen Effekt könnt Ihr verstärken, indem Ihr den Stoff bis zum Äußersten langzieht.

Nun soll aus den vielen langen Shirt-Streifen eine Schnur entstehen. Dafür legt Ihr zwei Streifenenden nebeneinander und knotet sie zusammen. Wer buntes Garn möchte, verknotet verschiedenfarbige Shirt-Streifen. Rollt die Schnur am Ende zu einem dicken Knäuel auf.

Wer stricken oder häkeln kann, fertigt einen Pulli oder einen Topflappen an. Auf einem Webrahmen kann ein – ziemlich echter – Flickenteppich entstehen. Aber es gibt noch viele andere Dinge, die man aus einer langen Schnur machen kann…

Darüber könnt Ihr sprechen:
Über die Herstellung: Wie sah das Shirt eigentlich aus, bevor es ein Pulli wurde? So ähnlich?
Über das Material: War der Stoff leicht zu reißen? Oder war es schwer, weil er sehr stabil war? Warum wurde das Shirt aussortiert – weil es kaputt, langweilig oder hässlich war?

Tu was-Idee # 43

Papier-Hosen und Folien-Shirts herstellen

Früher stellten die meisten Menschen ihre Bekleidung selbst her – oft aus dem Material, das ihnen zur Verfügung stand: Leder, Leinen, Wolle. Probiert aus, wie sich aus einfachen Materialien Bekleidungsstücke zaubern lassen, um Grundsätze der Kleidungsherstellung zu verstehen.

Das wird gebraucht:
Papier auf Rolle,
Rettungsfolie,
Klebeband,
Stifte und Scheren.

Das könnt Ihr tun:
Zuerst müsst Ihr Maß nehmen: Breitet Papier oder Folien in zwei übereinanderliegenden Bahnen aus und lasst ein Kind ausgestreckt darauf Platz nehmen. Umzeichnet dessen Umriss am Oberkörper und am Unterkörper. Gebt überall ungefähr 10 Zentimeter Rand dazu. Schuhe, Kopf und Hände lasst Ihr aus.

Schneidet entlang der eingezeichneten Linie die obere Folie beziehungsweise das Papier aus. Übertragt die Linie auf die darunterliegende Bahn, schneidet sie auch aus. Trennt die entstandenen Zuschnitte, die ungefähr einem Overall entsprechen, in Gürtelhöhe durch.

Klebt mit Klebeband beide Lagen am Rand zusammen. Vergesst nicht, Löcher für Bauch, Arme, Füße und Kopf zu lassen. Bemalt mit Filzstiften – bei Folie nehmt Ihr Eddings – Eure Kleidungsstücke mit Mustern, steigt vorsichtig hinein und bewundert Euch vor dem Spiegel.

Darüber könnt Ihr sprechen:
Über das Material: Papier reißt schnell, Folie hingegen ist irgendwie schwitzig. Welche Materialien eignen sich besser für Bekleidung?
Über die Verbindung: Warum klebt man nicht alle Kleidungsstücke zusammen?
Über die Anfertigung: Wie bei einem klassischen Schneider sind Eure Kleidungsstücke aus Papier oder Folie genau auf die Größe ihres Trägers abgestimmt. Woher wissen Textilhersteller, wie groß jemand ist?

Tu was-Idee # 44

Ton-Schuhe erfinden

Schon Kinder sind heute mit dem Thema „Markenschuhe" konfrontiert. Wie bei vielen Mode-Fragen geht es weder darum, welche Schuhe für sie praktisch sind, noch darum, welche ihnen wirklich gefallen. Vielleicht bringt es Euch auf ganz neue Gedanken, wenn Ihr selbst Schuhe entwerft.

Das wird gebraucht:
10 Kilogramm Ton,
ein Nudelholz,
Tonschneidemesser oder andere stumpfe Messer,
Folie oder Wachstischtuch.

Das könnt Ihr tun:
Roll den Ton mit den Kindern zu einer etwa 1 Zentimeter dicken Schicht aus, am besten auf dem mit Plane abgedeckten Fußboden. Zeige ihnen, wie leicht sich damit passende – wenn auch völlig instabile – Schuhe herstellen lassen: Fuß draufstellen, mit etwas Abstand umranden, fertig ist die Sohle.

Auf die gleiche Weise entsteht ein etwas breiteres Ton-Stück für die Oberseite des Schuhs. Oder Ihr vergrößert den Abstand auf etwa 5 Zentimeter, um den Ton wie bei einem Mokassin von unten her über den Fuß zu stülpen.

Hauptspaß beim Erfinden von Ton-Schuhen ist natürlich das Designen mit dem beliebig formbaren Material: Schnell werden daraus Blumen-Applikationen, Schuhe in Monsterform oder mit eleganten Streifen. Nehmt Ihr Fingerfarbe hinzu, entstehen bunte Schuhe. Die könnt Ihr zwar nicht lange tragen – nach wenigen Schritten sind sie hin –, aber ins Regal stellen und bewundern. Verzichtet Ihr auf die Bemalung mit Fingerfarbe, lassen sie sich sogar brennen.

Darüber könnt Ihr sprechen:
Was sieht gut an Schuhen aus? Wann nervt es, auf schöne Schuhe aufpassen zu müssen? Was macht Marken-Schuhe so teuer? Wie wäre es, wenn es Schuhe gäbe, mit denen man an der Decke gehen, fliegen oder tauchen kann?

Noch mehr Kleidungs-Ideen

#45 Werdet Modeschöpfer – indem Ihr ausprobiert, ob man langweilige T-Shirts zu Schmuckstücken machen kann. Zum Beispiel mittels Kartoffeldruck mit Textilfarbe.

#46 Versucht, aus ausgedienten T-Shirts Taschen zu nähen: Unten näht Ihr das Shirt zu. Die Ärmellöcher verbreitert Ihr zu Henkeln. Umnähen, fertig, ausprobieren!

#47 Spielt Modenschau – mit den albernsten Schnell-Moden der Welt. Verkleidet Euch mit Alltagsmaterialien und tut so, als sei es der letzte Schrei. Denkt darüber nach, ob das bei echter Mode auch so funktioniert.

#48 Meine Idee:

IM WOHNZIMMER

Woher hat das Wohnzimmer seinen Namen? Wohnt man nur dort?

Ist das Wohnzimmer der gemütlichste Raum?

Gehört das Wohnzimmer allen Familienmitgliedern? Dürfen alle darüber entscheiden?

Welche Möbel und Geräte
gehören ins Wohnzimmer?

Wie würde ein Wohnzimmer aussehen,
wenn Kinder es einrichten?

Hat jede Familie ein Wohnzimmer?

Gibt es überall auf der Welt
Wohnzimmer? Wie sehen sie in
anderen Ländern aus?

Ist das eigene
Wohnzimmer das schönste?

Oder findet jeder Mensch sein
Wohnzimmer am schönsten?

IM WOHNZIMMER

Baden, schlafen, kochen, spielen: Jeder Raum in der Wohnung hat eine bestimmte Funktion. Das sagt schon sein Name. Nur das Wohnzimmer nicht. Wozu ist der Raum also gedacht? Zum Wohlfühlen und Abschalten? Ist er als größter Raum dazu da, etwas zusammen zu machen?

Wohnzimmer-Gespräche könnten sich, bevor es um Fragen der Nachhaltigkeit geht, darum ranken, was Ihr zu Hause zusammen machen möchtet und wer darüber entscheidet. Vielleicht kommt Ihr, davon ausgehend, auf neue Ideen, wie man gemeinsame Zeit so verbringen kann, dass alle Freude daran haben. Das setzt wahrscheinlich Zurückhaltung in Bezug auf elektronische Unterhalter voraus.

Tu was-Idee # 49

Ein Wohnzimmer entwerfen

Viele Kinder haben hierzulande „ihr“ Zimmer, während Arbeitszimmer und Schlafzimmer automatisch den Eltern gehören. Im Wohnzimmer hingegen trifft sich die gesamte Familie – aber merkt man ihm das an? Wie würde ein Wohnzimmer aussehen, wenn Kinder es ausgestalten? Baut Wohnzimmer-Modelle!

Das wird gebraucht:
Pappkartons,
Cutter oder Scheren,
Putzschwämmchen,
Schaschlikstäbe und Zahnstocher,
Kleber,
Stoff und Tapetenreste,
diverse Bastelmaterialien.

Das könnt Ihr tun:
Teilt Euch in Gruppen. Jede Gruppe bekommt einen Karton, als Grundlage für das Wohnzimmer-Modell. Zeige den Kindern, wie man Klapptüren oder Fenster in die Karton-Seitenwände einschneidet. Überlegt zusammen, bevor Ihr beginnt, welche Arten von Möbeln ein Wohnzimmer haben könnte – statt der immer gleichen Couchgarnituren und Schränke. Vielleicht eine Rutsche, ein Schwimmbecken, Kletterwände, ein Kino?

Darüber könnt Ihr sprechen:
Über Regeln: Wer darf eigentlich was im Wohnzimmer?
Über Erwachsene: Wie würden sie auf ein Wohnzimmer mit Hops-, Kletter- oder Krabbelmöglichkeit reagieren?

Tu was-Idee # 50

Neue Sofas bauen

Ach, wie gemütlich! Jedes Wohnzimmer braucht ein großes Sofa. Baut Euch selbst eins, das eine interessantere Form als ein gekauftes Exemplar hat.

Das wird gebraucht:
viele Pappkartons, zum Beispiel: Weinkartons, Umzugskartons, Bananenkisten, aber auch kleinere Kisten;
doppelseitiges Klebeband und Kreppklebeband;
ein kurzes, gewelltes Messer zum Schneiden der Pappe;
ein Kastanienbohrer,
lange Kabelbinder.

Das könnt Ihr tun:
Bevor Ihr eine Sofalandschaft baut, schiebt Ihr verschlossene Kisten herum und stapelt sie so lange aufeinander, bis sie eine schöne Riesensofa-Form ergeben. Um die Kisten aneinander zu befestigen, klebt Ihr sie entweder mit ein- oder doppelseitigem Klebeband zusammen. Oder Ihr bohrt mit dem Kastanienbohrer zwei Löcher im Abstand von vielleicht 4 Zentimetern durch zwei nebeneinanderstehende Kisten, zieht einen langen Kabelbinder wie eine Nähnadel durch alle vier Löcher und ziehen ihn zu. Diese Verbindung hält einiges aus.

Geheimtüren, Fenster oder Durchreichen für Sofa-Snacks könnt Ihr mit einem gewellten Messer vorsichtig einschneiden. Sollte die Sitzfläche an manchen Stellen zu nachgiebig sein, könnt Ihr die Kisten mit geknülltem Papier oder mit Spielzeug ausstopfen, das Ihr gerade nicht benötigt.

Darüber könnt Ihr sprechen:
Essen, schlafen, klettern, quatschen: All das kann man auf dem Sofa tun. Könnte man den ganzen Tag auf dem Sofa verbringen? Wozu müsste man aufstehen? Wofür würde man Bedienstete brauchen? Wäre das Leben auf dem Sofa irgendwann langweilig?

Tu was-Idee # 51

Ein Sofa für das grüne Wohnzimmer bauen

Draußen ist es noch viel schöner, faul zu sein. Wie wäre ein Wohnzimmer im Garten, mit Blumen und einem Ausblick statt des Fernsehers? Was für ein Sofa würde ins Grüne passen?

Das wird gebraucht:

Holzpaletten,
Nägel oder Schrauben und passendes Werkzeug,
lange Kabelbinder,
feste Folie,
Tacker,
Schaufeln,
Erde, Grassamen oder Rollrasen und Moos.

Das könnt Ihr tun:

Ein Gartensofa könnte aus zwei bis vier Holzpaletten bestehen: eine als Sitzfläche, eine als Rückenlehne aufgestellt, zwei kleinere als Seitenlehnen. Was groß ist und fest aufrecht stehen soll, wird teilweise im Boden eingegraben.

Damit das Paletten-Sofa nicht gleich einstürzt, befestigt Ihr die Holzteile aneinander: mit Kabelbindern, Nägeln oder Schrauben – je nach Lust und Körperkraft. Damit etwas auf dem Sofa wachsen kann, tackert Ihr Folie auf die Holzteile, sät Grassamen aus oder bedeckt die Teile mit Grassoden, die man kaufen oder beim Anlegen von Beeten ausgraben kann. Ihr könnt sogar Moos auf den Teilen ansiedeln, das Ihr dann aber fleißig gießen müsst.

Wenn Ihr vom Sofa aus fernsehen möchtet, nehmt Ihr vier lange Äste und vier Kabelbinder, steckt zwei Äste als Seitenteile des Fernsehers im Meterabstand in den Boden und bringt die beiden anderen Äste mit Kabelbindern quer an, sodass eine Art Fläche entsteht – der Bildschirm. Wer stellt sich dahinter und macht Programm? Zu aufwendig? Dann ist das Sand-Sofa eine Alternative. Ihr erklärt einen Streifen Sand in der Sandgrube zur Sitzfläche, grabt den Fußraum davor aus, so tief es geht, und schüttet den ausgegrabenen Sand als Lehne hinter die Sitzfläche. Wer keine Lust hat, sich auf das Sand-Sofa zu fläzen, kann den Rest der Sandgrube zum Wohnzimmer umbauen – mit Couchtisch, Fernseher und Stehlampe…

Darüber könnt Ihr sprechen:

Gibt es draußen mehr zu sehen und zu erleben als drinnen? Braucht man draußen einen Fernseher?

Noch mehr Wohnzimmer-Ideen

 # 52 Hauptsache weich: Die am schnellsten hergestellten Sofas der Welt bestehen aus gestapelten Kuscheltieren, aus Luftballons in Pappkartons oder aus einem Bällchenbad voller Luftpolsterfolie.

 # 53 Bei Hamsters hinterm Sofa: Was finden Tiere eigentlich gemütlich? Erfindet, malt oder baut ihnen Wohnzimmer, von denen Ihr annehmt, dass sie dort gern einziehen würden.

 # 54 Meine Idee:

AN DER STECKDOSE

Was ist Strom?

Wozu braucht man Strom?

Wie wäre unser Leben, wenn es plötzlich keinen Strom mehr gäbe?

Wie war es, bevor es Strom gab?

Kann man Strom sehen?
Und wenn nicht – warum nicht?

Kann man Strom fühlen?

Warum ist Strom manchmal gefährlich,
manchmal nicht?

Wie wird Strom gemacht?

Warum gibt es ganz verschiedene
Wege, Strom herzustellen?

Kann man selbst Strom machen?

AN DER STECKDOSE

Wo Menschen zusammenkommen, machen sie sich es gern gemütlich. Strom spielt dabei eine entscheidende Rolle: für eine angenehme Beleuchtung, für Radio, Fernseher und Computer.

Während der Strom in Küche und Bad für Arbeitserleichterung sorgt, dient er im Wohnzimmer vorwiegend der Unterhaltung. Ohne Strom wäre das Leben hier also nicht unbequemer, sondern vermutlich aktiver und kreativer. Probiert es aus!

Tu was-Idee # 55

Die Wege des Stroms suchen

Geräte, die Strom brauchen, stehen überall. Wie viele sind es?

Bei dieser Aktion geht es zuerst darum, alle kleinen und großen Stromfresser in der Umgebung zu finden. Danach zeichnet Ihr ihre Wege bis zum Sicherungskasten nach – also bis zu der Stelle, an der der Strom ins Haus oder in die Wohnung kommt. Dabei könnt Ihr feststellen: Wir machen mehr mit Strom, als wir denken. Und mehr als wir brauchen?

Das wird gebraucht:
knalliges Klebeband,
viel breite, möglichst knallgelbe Schnur oder Wolle.

Das könnt Ihr tun:
Sucht alle Dinge in den Räumen, die Strom brauchen – neben größeren Elektrogeräten also auch Lampen, Lautsprecher, blinkende Router, batteriebetriebenes Spielzeug oder Mini-Lichter in Lichtschaltern. An jedem Stromfresser klebt Ihr mit Klebeband gelbe Schnur fest, führt sie durch Räume und Türen bis zum Sicherungs- oder Verteilerkasten. Klebt sie unterwegs immer mal wieder und am Endpunkt mit Klebeband fest. Bei Lampen, an die Ihr nicht kommt, reicht es, die Schnur an deren Lichtschalter zu kleben.

Darüber könnt Ihr sprechen:
Ganz schön viele Schnüre, die sich am Sicherungskasten treffen. Welche führen zu oft benutzen Stromfressern? Wollt Ihr sie – oder alle Schnüre – mit kleinen Bildchen beschriften?

Durch die Schnüre fließt natürlich kein Strom. Wo fließt er stattdessen entlang? Warum sind seine Leitungen versteckt? Wieso haben manche Geräte anderen Strom, nämlich den aus der Batterie?

Fließt der Strom wie Wasser durch die Kabel? Wie kommt er in die Geräte? Spielt mit Figuren oder Fahrzeugen nach, wie der Strom zu den Geräten gelangt.

Wie geht es auf der anderen Seite des Sicherungskastens weiter? Woher kommt der Strom überhaupt? Wie müssten Eure Schnüre – oder wären dicke Seile besser – weiterführen?

Tu was-Idee # 56

Eine Stromleitung legen

Mini-Welten wie das Lego-Haus, die Puppenwohnung oder der Holzauto-Parkplatz haben keine Extrabeleuchtung. Ändert das – durch den Bau einer kleinen Beleuchtungsanlage.

Das wird gebraucht:
eine Blockbatterie,
mehrere Lämpchen mit Sockel aus dem Elektronik-Versand,
ein langes Elektrokabel,
Büroklammern oder Krokodil-Klemmen.

Das könnt Ihr tun:
Probiert zunächst aus, wie man eine Birne an eine Batterie anschließt: mit kurzen Kabelstücken, an deren Enden die Gummiisolierung in der Länge von etwa 1 Zentimeter entfernt wurde. Nehmt möglichst lange Kabelstränge, um die Batterie fern von der Birne aufzustellen.

Frage die Kinder, warum die Birne nur leuchtet, wenn die Kabel zum Stromkreis mit Hin- und Rückweg verbunden wurden. Probiert aus, was passiert, wenn Ihr mehrere Birnchen in den Kreislauf einbaut.

Darüber könnt Ihr sprechen:
Ist die Batterie irgendwann leer? Warum passiert das? Was unterscheidet den Mini-Stromkreis vom gefährlichen Strom in den Steckdosen?

Tu was-Idee # 57

Selbst Strom machen

Strom sieht, riecht und hört man nicht. Und wenn er stark ist, ist er auch noch gefährlich! Trotzdem kann man ihn selbst machen. Stellt eigenen, zum Glück schwachen und ungefährlichen Strom her, um damit Licht zu erzeugen. Die wichtigste Zutat: Körperkraft. Das könnte auch eine Lösung dafür sein, wenn die Puppenhaus-Beleuchtungs-Batterie wieder einmal leer ist…

Das wird gebraucht:
ein Kinderfahrrad mit Dynamo,
Krokodil-Klemmen oder Draht,
Glühlämpchen mit Sockel oder einen Teil einer Lichterkette.

Das könnt Ihr tun:
Stellt das Kinderfahrrad verkehrt herum und möglichst kippsicher im Raum auf. Schließt am Fahrraddynamo ein Glühlämpchen mit Sockel mit zwei Krokodil-Klemmen oder mit einem am Ende von der Gummiumhüllung befreiten Kabel an. Dafür gibt es – je nach Dynamotyp – ein oder zwei vorbereitete Anschlüsse: Während teure und moderne Dynamos je einen Kabelanschluss für den Hin- und Rückweg des Stroms haben, haben die einfachen Modelle nur einen erkennbaren Punkt – meist am unteren Ende des Dynamos –, um ein Kabel anzubringen. Den Rückweg nimmt der Strom über das Metall des Fahrrads. Also befestigt Ihr die zweite Klemme irgendwo an der metallenen Aufhängung des Dynamos. Dann dreht Ihr das Rad, an dem der Dynamo sitzt, möglichst schnell und testet, ob das Licht aufleuchtet. Zwei Kinder sollten das Fahrrad dabei festhalten.

Verlängert Ihr das Kabel, könnt Ihr den Dynamo als Lichtquelle für ein Puppenhaus benutzen.

Darüber könnt Ihr sprechen:
Etwas selbst machen, das ist manchmal anstrengend: Immer wieder muss jemand das Rad antreiben, um einigermaßen gleichmäßiges Licht zu erzeugen. Überlegt, was man tun könnte, um diese Arbeit jemand anderem aufzuhalsen. Vielleicht könnte der Wind oder das Wasser das Rad antreiben?

Tu was-Idee # 58

Ein Wasserkraftwerk bauen

Die Kraft des Wassers nutzt der Mensch schon seit ewigen Zeiten. Ihr könnt das auch – zum Beispiel an einem kleinen Bach oder einem Fluss, den ihr mit Hilfe des Wasserhahns oder Gartenschlauchs erschafft. Baut ein Mini-Wasserkraftwerk!

Das wird gebraucht:
Korken,
Messer und Eislöffel,
Strohhalme und Schaschlikstäbe,
zwei leere Wasserflaschen,
Sand,
Heißkleber,
das Bild eines Wasserrads.

Das könnt Ihr tun:
Baut ein Wasserrad, indem Ihr Eislöffel wie Radschaufeln auf einen Korken steckt. Ritzt den Korken dafür vorsichtig und in gleichmäßigem Abstand längs ein, um sechs bis acht Eislöffel mit dem Stiel nach innen in die Ritzen zu stecken. Damit die Schaufeln nicht herausrutschen, befestigt ihr sie mit einem Klecks Heißkleber. Steckt auf beiden Seiten je einen Schaschlikstab als Achse in den Korken und testet, ob der Korken sich flink dreht.

Jetzt braucht Ihr nur noch eine Aufhängung, in der sich das Wasserrad leicht drehen kann. Ihr füllt zwei Wasserflaschen mit Sand, damit sie schwer sind, klebt je ein Strohhalmstück mit Heißkleber quer auf ihre Deckel und benutzt diese Konstruktion als Führung für die Schaschlikstab-Achse. Stellt sie unter oder neben einen Wasserstrahl – dann dreht sich das Schaufelrad schnell. Das klappt auch in einem kleinen Bach.

Darüber könnt Ihr sprechen:
Wozu könnte man die erzeugte Bewegung nutzen? Überlegt, wozu die Drehung, die quasi von selbst geschieht, dienen könnte. Denkt nach, wie man – theoretisch! – das Dynamo-Fahrrad daran anbauen könnte, um Strom herzustellen.

Tu was-Idee # 59

Kraftwerk-Forscher werden

Wie wird Strom im Kraftwerk hergestellt? Besorgt Euch Sachbücher und versucht, der Arbeitsweise verschiedener Kraftwerke auf die Spur zu kommen.

Das wird gebraucht:
Sachbücher über Stromerzeugung aus Kinderbuchverlagen,
Bilder verschiedener Arten von Kraftwerken, die Strom aus Sonnenlicht, Wind, Wasser oder fossilen Brennstoffen erzeugen.

Das könnt Ihr tun:
Überlegt anhand der Kraftwerksbilder und eigener Erfahrungen mit dem Erzeugen von Strom oder Wärme: Welcher Trick könnte bei dieser Anlage vorliegen?

Darüber könnt Ihr sprechen:
Welche Kraftwerke machen besonders viel Dreck? Welche Kraftwerke produzieren immer Strom, welche sind vom Wetter abhängig?

Tu was-Idee # 60

Eine Flaschenlampe bauen

Zugegeben, in dunklen Nächten funktioniert die Flaschenlampe nicht, denn sie ist auf Sonnenlicht angewiesen. Aber es ist faszinierend, wie sie das helle Licht von draußen in dunkle Räume bringt – mit einem ganz simplen Trick, den sich ein Philippine für unbeleuchtete Slum-Häuser ausgedacht hat. Testet es selbst!

Das wird gebraucht:
eine Wasserflasche,
Wasser,
Bleichmittel,
Cutter,
ein großer Pappkarton,
Klebeband.

Das könnt Ihr tun:
Füllt Wasser und etwas Bleichmittel in eine saubere, vom Etikett befreite Plastikflasche und verschließt sie. Baut ein Haus aus einem Pappkarton oder mittels Decken und stellt es draußen an einem sonnigen oder notfalls gut beleuchteten Platz auf. Schneidet mit dem Cutter ein Loch in die Decke des Hauses, durch das die Flasche gerade so passt. Steckt sie etwa zur Hälfte in das Loch und klebt sie fest.

Ab ins Papphaus – und überprüfen: Weil das Sonnenlicht vom Wasser weitergeleitet und vom Bleichmittel zusätzlich verstärkt wird, strahlt die Flasche tatsächlich wie eine Glühbirne.

Darüber könnt Ihr sprechen:
Warum gibt es anderswo Häuser, die keine Fenster haben und deswegen solch ein Licht brauchen können? Gibt es auch bei uns Räume mit künstlichem Licht, die man durch geschicktes Weiterleiten von Sonnenlicht erleuchten könnte?

Noch mehr Energie-Ideen

#61 Und was ist mit Wärme? Testet eine simple Zimmer-Heizung: Legt Backstein in den Backofen, erwärmt sie lange, wickelt sie in Decken und benutzt sie als kleine Heizung.

#62 Ganz schön knickrig, das Licht: Probiert aus, was man in einem abgedunkelten Raum, in dem es als einzige Lichtquelle ein Knicklicht gibt, eine Stunde lang tun kann.

#63 Meine Idee:

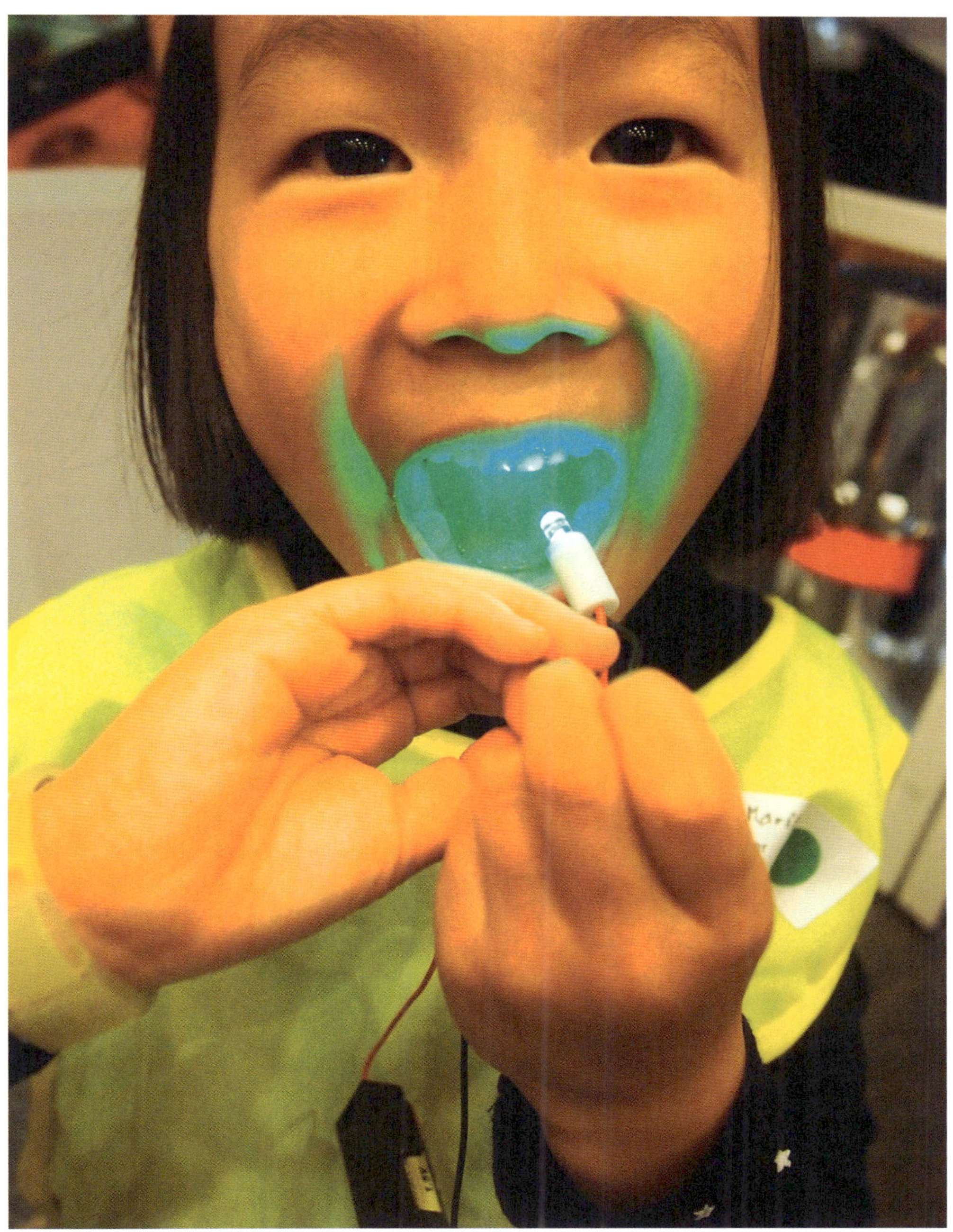

VORM FERNSEHER

Wann ist es gut, unterhalten zu werden?

Wann macht es mehr Spaß,
selbst zu spielen?

Welche Spiele, für die man
keinen Strom braucht, kann man
zusammen spielen?

Warum sind manche Sendungen
nicht gut für Kinder?
Warum fühlt es sich nicht gut an,
zu viel Fernsehen zu sehen?
Warum ist es blöd, wenn man
über Kino- oder Fernsehfilme
nicht mitreden kann?
Wer oder was möchte man gern
sein, welche Abenteuer möchte
man bestehen?

VORM FERNSEHER

Freizeitvergnügen Nummer 1 ist immer noch das Fernsehen.
Bei Kindern kommt es allerdings erst auf Platz 2.
Sie treffen sich lieber mit Freunden.

Tu was-Idee # 64

Fernsehstar sein

Ein großer, flacher Kasten mit jeder Menge Unterhaltung: Fernsehen macht Spaß, besonders wenn einem langweilig ist. Vielleicht macht es noch mehr Spaß, selbst Fernsehen zu machen, statt sich nur vorzustellen, dass man einer von den Helden auf der Mattscheibe ist?

Das wird gebraucht:
ein großer Pappkarton, zum Beispiel eine Fahrrad-Umverpackung oder ein Fernseher-Karton; Cutter oder Messer mit Wellenschliff.

Das könnt Ihr tun:
Um einen Fernseher zu bauen, schneidet Ihr bei einem großen Karton eine Seite bis auf einen vielleicht 10 Zentimeter breiten Rand weg. Die Rückseite trennt Ihr in der Mitte durch und schneidet sie an der Ober- und Unterseite vom Rand so ab, dass sie sich wie zwei Fensterläden nach rechts und links klappen lässt. Dadurch steht Euer Fernseher von selbst und bekommt eine Art Bühnenraum. Manchmal ist es nötig, rissige Kanten oder Schlitze mit starkem Klebeband zu überkleben. Aus einem schmalen, langen Kästchen entsteht eine Fernbedienung, mit der sich das Programm schnell wechseln lässt.

Hinter dem Fernseher liegen Sachen zum Verkleiden. An einer Wäscheleine hängen selbst gemalte Kulissen: für Actionfilme, Tierfilme, Nachrichten oder Kochshows. Vor dem Fernseher liegen ein paar Kissen für die Zuschauer.

Das könnt Ihr spielen:
Fernsehproduktion: Damit die Zuschauer etwas zu tun haben, bekommen sie die selbstgebaute Fernsteuerung. Ist ihnen das Programm zu langweilig – das passiert Zuschauern öfter als Fernsehmachern –, dürfen sie es wegschalten: Klick! Das heißt für die Fernsehmacher: Schnell Verkleidung und Hintergrund wechseln, eine neue Sendung beginnt.

Darüber könnt Ihr sprechen:
Was macht mehr Spaß – Zuschauer oder Fernsehmacher sein? Wie wird Fernsehen überhaupt gemacht? Könntet Ihr mit Smartphone, Tablet oder Digitalkamera eigene Fernsehsendungen herstellen?

Tu was-Idee # 65

Neue Spielkonsolen bauen

Welches Game spielt wer gerade am liebsten? Spielkonsolen und Smartphones haben es Kindern angetan. Es fällt schwer, sich den kleinen, stromangetriebenen Geräten zu entziehen. Oder nicht? Probiert es aus und erfindet andere Formen kleiner Kästchen mit großen Spielen: einen Schuhkartondeckel-Flipper oder Geduldsspiele zum Mitnehmen.

Das wird gebraucht:
flache Kästen in den Größen von A6 bis A4;
Gummibänder und Klebeband;
Scheren, Murmeln und Flummis;
Schaschlikstäbe und Korken;
Heißkleber;
Eislöffel und Flaschendeckel;
Pappen in verschiedenen Formen.

Das könnt Ihr spielen:
Flipper: Befestigt auf dem Kartondeckel Korken mit Heißkleber und spannt zwischen ihnen Gummibänder. Zupft Ihr daran, während sich dort gerade eine Murmel befindet, saust sie los, prallt auf ein anderes Gummiband und wird von ihm weitergeschleudert. An bestimmte Punkte klebt Ihr Flaschendeckel als Fangkörbe. Wessen Murmel dort hineinplumpst, der bekommt 100 Punkte.

Minigolf: Wenn es auf dem Kartondeckel eine Murmel-Laufbahn aus Pappe gibt, die kunstvoll gebogen ist und irgendwo ein Loch hat, dann könnte das die Station einer Minigolfanlage sein. Die Mitspieler müssen ihre Murmeln mit Eislöffeln und möglichst wenig Schlägen ins Ziel bringen. Auf dem nächsten Kartondeckel gibt es vielleicht ein Looping oder eine Bahn, die zweimal um die Ecke führt.

Basketball: Ein Schuhkarton könnte zum Spielfeld für Basketball werden. Zum Beispiel kann auf dem Basketballfeld ein Korb aus einer unten aufgeschnittenen Klopapierrolle stehen, und ein Flummi muss nach einmaligem Aufprallen genau dort landen.

Noch mehr Unterhaltungs-Ideen

#66 Vor dem Fernsehen gab es das Radio. Unterhaltet einander mit selbst produzierten Radio-Sendungen. Am besten über eine Schlauch-Leitung: Ein schwarzer Teichschlauch verbindet das Studio mit dem Nachbarraum. Im Studio wird produziert, was das Zeug hält: Musiksendungen, Hörspiele, Nachrichten, der Wetterbericht…

#67 Meine Idee:

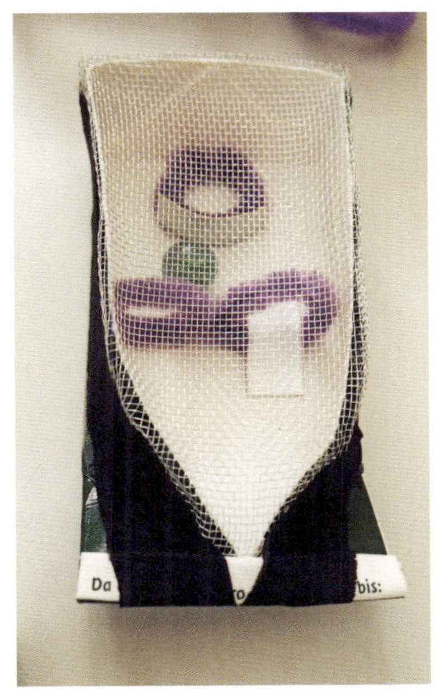

IN DER KÜCHE

Was schmeckt mir, was dir?

Was ist gesund, was ist lecker?

Welche Lebensmittel
sind nicht so gut für uns?

Welche Lebensmittel sind nicht
gut für die Umwelt?

Wie kommt das Fleisch zu uns?
Welche Tiere fressen Fleisch?
Ist es gut, dass die Menschen Tiere halten, die sie später essen?
Haben die Tiere ein schlechtes Leben?

IN DER KÜCHE

Ein besonderer Ort des Wohlbefindens ist die Küche. Doch nicht alles, was gekocht oder zubereitet wird, findet Beifall. Manche Speisen sind zwar gesünder als andere, riechen aber weniger verführerisch und sehen auch nicht immer lecker aus. Bei manchen Speisen wissen Kinder, woraus sie bestehen, von anderen haben sie keine Ahnung. Und bei Fleisch wüssten sie lieber gar nicht, wie es erzeugt wird: all die armen Hühnchen, Schweinchen und Lämmchen… Jedenfalls gibt es in der Küche viele Themen, die damit zu tun haben, was wir mögen oder für richtig halten.

Tu was-Idee # 68

Lebensmittel malen und vergleichen

Ein Lieblingsessen hat wohl jedes Kind – auch wenn dahinter nicht immer Mutters Kochkunst steckt, sondern auch das Bedürfnis, die eigenen Besonderheiten herauszufinden. Gespräche über Lieblingsspeisen sind aber oft eine Möglichkeit, etwas über das Leben und den kulturellen Hintergrund der Kinder zu erfahren.

Das wird gebraucht:
Pappteller,
Flüssigfarben,
Ton oder bemalbare Modelliermasse,
Pinsel und Plastikbesteck.

Das könnt Ihr tun:
Unterhaltet Euch über Eure Lieblingsgerichte. Sprich über Deine Lieblingsspeisen und darüber, ob sich Dein Geschmack im Laufe der Zeit änderte. Notiere, was die Kinder erzählen.

Lass die Kinder ihre Favoriten auf Pappteller malen oder aus Modelliermasse formen und bemalen. Stellt die Lieblingsessen-Teller aus, ergänzt durch Deine Notizen, und reicht den Ausstellungsbesuchern einen selbstgemachten Snack.

Darüber könnt Ihr sprechen:
Manche Speisen mag man gern, weil eine besondere Essenssituation damit verbunden ist. Frage die Kinder, in welchen Situationen sie ihre Lieblingsessen gern verzehren: „Meine Oma kocht mir immer leckere Klopse, wenn ich sie besuche.“ Überlegt, was es braucht, damit ein gemeinsames Essen Spaß macht. Denkt Euch einen besonders schönen Essens-Moment aus.

Tu was-Idee # 69

Speisen untersuchen

Woraus wird denn das gemacht? Eine interessante Frage nicht nur für Kinder, der Ihr Euch gemeinsam widmen könnt. Begebt Euch auf die Spur der Speisen!

Das wird gebraucht:
Lebensmittel oder Bilder davon – von der Einzelzutat bis zum fertigen Tellergericht; Bilder oder Spielzeuge, die für die Herkunft der Speisen stehen können: Traktor oder Wiese für Acker, Fläschchen oder Spielzeugkuh für Milchprodukte, Schwein oder Stall für Fleischprodukte;
Klebeband oder Schnüre.

Das könnt Ihr tun:
Lege die Lebensmittel oder Bilder in die Mitte einer großen Bodenfläche, gruppiere die Symbole für die Herkunft der Zutaten drum herum und erkläre, was sie bedeuten: „Hier geht es um Tiere, die geschlachtet werden…“

Dann überlegt Ihr, woher die Speisen in der Mitte stammen, und verbindet sie mit Klebeband oder einer Schnur mit den Symbolen. Beginnt mit leicht zuzuordnenden Speisen, bevor Ihr knifflige Fälle löst: Die Milch kommt von der Kuh – aber was ist mit dem Käse?

Betrachtet das Ergebnis und führt, wenn Ihr mögt, das Spiel in den kommenden Tagen beim Betrachten des Speiseplans weiter: Was essen wir heute – etwas vom Feld, aus dem Garten oder aus dem Stall?

Darüber könnt Ihr sprechen:
Ist es ok, Tiere zu essen? Kann man die Orte besuchen, von denen unsere Speisen kommen? Was ist in der Nähe zu finden, was kommt von weit her? Können wir die Zutaten für bestimmte Speisen selbst anbauen?

Tu was-Idee # 70

Rezepte tauschen

Speisen selbst herzustellen ist nicht schwer, denn es gibt Rezepte mit Abbildungen. Manche Rezepte kennen die Kinder und können versuchen, sie „aufzuschreiben“, um sie mit anderen Kindern zu teilen. Wer macht mit?

Das wird gebraucht:
Lebensmittel nach Bedarf,
ein Fotoapparat,
ein Drucker,
Papier, Stifte und ein Hefter.

Das könnt Ihr tun:
Erzählt einander, wie man was kocht. Überlegt, welche Zutaten und Zubereitungsschritte man fotografieren müsste, um ein Rezept nachkochen zu können.

Teile die Kinder in Gruppen auf – zwei kochen oder backen, zwei machen Fotos. Druckt die Bilder aus, schreibt die Anzahl der benötigten Dinge, die Temperatur- und Zeitangaben hinzu. Einigt Euch auf ein Kochbuch-Format, in dem Ihr alle Rezepte zusammenfasst. Später könnt Ihr das Buch für die Eltern und andere Interessenten kopieren.

Darüber könnt Ihr sprechen:
Ist Kochen eine große Kunst? Oder muss man sich einfach nur an die Rezepte halten? Manche Speisen wie Spaghetti Bolognese, Pizza oder Schnitzel mag fast jeder. Wer hat sich eigentlich die Rezepte dafür ausgedacht? Ist dieser Mensch berühmt?

Tu was-Idee # 71

Fantasie-Rezepte erfinden

Noch mehr Spaß machen wahrscheinlich Fantasie-Rezepte. In Eurem Kochbuch dürfen sie nicht fehlen.

Das wird gebraucht:
Stifte und Papier,
ein Fotoapparat.

Das könnt Ihr tun:
Woraus besteht wohl der ekligste Kuchen der Welt? Wie lautet das langweiligste Nudelrezept? Was ist der Belag der größten Pizza der Welt? Woraus müssten Gerichte bestehen, von denen man nicht satt, sondern albern wird?

Andersherum geht es auch: Was für ein Essen entsteht, wenn man drei Wolken mit 100 Kilo guter Laune verrührt? Wie schmeckt ein Kuchen aus Wut, Matsch und drei Prisen „Blödmann“? Die Kinder können Dir die Rezepte diktieren, Bilder dazu malen oder – falls möglich – Fotos machen. Lasst es bei ekligen oder aus Erwachsenensicht nicht besonders lustigen Kinder-Ideen nicht an Respekt fehlen.

Darüber könnt Ihr sprechen:
Welche Speisen findet Ihr mindestens so eklig wie manche Quatsch-Rezepte? Was esst Ihr trotzdem, wenn Ihr wirklich großen Hunger habt? Warum finden die Menschen verschiedene Speisen eklig? Kann man vom Essen wirklich lustig, müde oder traurig werden? Gibt es Speisen, die giftig sind?

Noch mehr Rezept-Ideen

 # 72 Essen wie bei den Olchis: Erfindet ganz besonders eklige Rezepte – Ihr müsst sie ja nicht nachkochen.

 # 73 Fragt Eltern oder Großeltern, was sie als Kinder am liebsten oder gar nicht gern aßen.

 # 74 Meine Idee:

AN DER ARBEITSFLÄCHE

Wo werden die Lebensmittel gemacht? In Fabriken?

Was kann man selbst machen?

Macht es viel Arbeit, Lebensmittel selbst herzustellen?

Welche Arbeiten übernehmen Maschinen in der Küche?

Welche Maschinen brauchen
Strom, um zu arbeiten?

Was haben die Menschen früher ohne
diese Maschinen gemacht?

Welche Maschinen mit
Handantrieb kennen wir?

Ist es gut, wenn Maschinen uns Arbeit
abnehmen, oder machen manche
Arbeiten Spaß?

AN DER ARBEITSFLÄCHE

Zwar ist es angenehm, im Restaurant bedient zu werden. Aber Selbstgemachtes schmeckt besser – hören oder sagen Kinder häufig. Hinzu kommt: Selbst zu kochen kann Spaß machen. Neben der Freude, wenn ein Gericht gelingt, bietet das Selbermachen noch ein weiteres Plus: Man weiß, was drin ist und welche Arbeitsschritte nötig waren, um das Ergebnis zu erzielen.

Tu was-Idee # 75

Oldies erraten

Alte Küchengeräte finden sich in vielen Haushalten, nicht nur bei älteren Leuten. Viele davon sind zwar nicht unmodern, werden aber in Zeiten der Fertigprodukte so selten eingesetzt, dass man ihre Funktionen kaum noch kennt. Grund genug, solche Haushaltsgeräte aufzuspüren und ein Ratespiel damit zu veranstalten.

Das wird gebraucht:
alte und seltene Küchengeräte, die zu Hause oder im Umfeld der Kinder zu finden sind, zum Beispiel: ein Fleischwolf, ein Butterschläger, ein Kirschentsteiner, ein Apfelteiler, ein Handrührgerät ohne Strom;
Lebensmittel, die mit diesen Geräten bearbeitet werden.

Das könnt Ihr tun:
Zeigt Euch die gesammelten Küchengeräte, ohne zu erklären, was sie für eine Funktion haben. Umso besser lässt sich nämlich spekulieren, wozu man diese Dinge gebrauchen könnte. Probiert die Vorschläge aus.

Wer als erster errät, welchen Zweck ein bestimmtes Gerät hat, darf die entsprechende Anwendung ausprobieren, also Kirschkerne entfernen, Sahne zu Butter schlagen…

Darüber könnt Ihr sprechen:
Viel Arbeit, aber auch viel Spaß: War es wirklich unbequemer, mit diesen Geräten zu arbeiten?

Tu was-Idee # 76

Großes zerkleinern

Die meisten Speisen verändern sich auf ihrem Weg vom Feld ins Klo: Große oder feste Früchte – und erst recht Tiere – werden zuerst zerkleinert, bevor sie verarbeitet werden. Mit Hilfe unserer Zähne und im Darm werden die Speisen in immer feinere Teile zerlegt. Zerkleinern ist Arbeit, macht aber Spaß, zum Beispiel mit alten Kaffeemühlen und Mörsern.

Das wird gebraucht:
mehrere Handkurbel-Kaffeemühlen, gebraucht und gesäubert;
mehrere Mörser;
Holzbretter und Reiben;
Linsen, Bohnen, Nüsse, getrocknete Gewürzkörner und Getreidekörner.

Das könnt Ihr tun:
Probiert aus, womit sich unverarbeitete Lebensmittel gut zerkleinern lassen. Zur Auswahl stehen verschiedene Werkzeuge, deren Einsatz Körperkraft verlangt. Wer will, kann sich neue Techniken ausdenken, um widerspenstige Körner und Hülsenfrüchte zu zermahlen.

Kommt etwas Essbares dabei heraus? Probiert es aus, indem Ihr Mehl – zum Beispiel aus Linsen, Kichererbsen oder Mungobohnen – mit Wasser ansetzt und eine sämige, mit Gemüsebrühe abgeschmeckte Suppe kocht.

Darüber könnt Ihr sprechen:
Um Korn zu mahlen, braucht man viel Kraft – es ist anstrengend. Aber tut es nicht gut, sich ab und zu körperlich anzustrengen?

Tu was-Idee # 77

Schokokrem herstellen

Welche Speisen kann man selbst machen? Kaum zu glauben: eigentlich alle. Probiert aus, wie leicht sich gekaufte Lebensmittel selbst herstellen lassen – zum Beispiel der beliebte Schoko-Brotaufstrich.

Das wird gebraucht:

Kakao, Nüsse und Zucker;
eine Vanille-Stange oder Vanillezucker;
Palm- oder Kokosfett;
ein Pürierstab, eine Mühle, ein Mörser;
eine Schüssel und Löffel;
eine Küchenmaschine;
ein leeres Nutellaglas.

Das könnt Ihr tun:

Du liest den Kindern vor, welche Inhaltsstoffe gekaufte Schokocremes enthalten. Danach bereitet ihr die Zutaten vor, am besten per Hand: Die Nüsse müssen fein gemahlen oder zerstoßen werden, die Vanille-Stange muss ausgeschabt werden. Das Fett verbindet sich leichter, wenn es wärmer ist. Um die Zutaten in einem sinnvollen Verhältnis zu mischen, empfiehlt es sich, mit einem Löffelchen zu kosten, ob die Creme schon gut schmeckt.

Orientierung gibt Euch die Reihenfolge, in der die Zutaten auf dem Etikett genannt werden: nämlich von der größten zur kleinsten Menge. Wenn Ihr die Schokocreme verrührt habt und findet, dass sie schmeckt, könnte Ihr etwas Neues kreieren: Wie schmeckt Nutella mit etwas Zimt oder Orangensaft?

Darüber könnt Ihr sprechen:

Wenn das so leicht ist – warum machen die Menschen sich ihre Schokocreme nicht immer selbst? Wie war es früher bei den Großeltern: Haben sie Speisen noch selbst zubereitet, die wir heute kaufen? Schmeckt Eure Schokocreme besser als die gekaufte? Weil Ihr sie selbst gemacht habt? Was sagen andere Testpersonen dazu?

Tu was-Idee # 78

Butter schlagen

Butter wird aus Kuhmilch hergestellt. Aber wie verwandelt man eine Flüssigkeit wie Sahne in feste Butter? Probiert es aus, indem Ihr Butter per Hand oder mit Maschinenkraft herstellt.

Das wird gebraucht:

0,5 Liter Schlagsahne,
fünf Teelöffel Joghurt,
ein großes und verschließbares Glas,
ein Mixer mit Schneebesen und Knethaken,
Salz, Wasser und Gewürze.

Das könnt Ihr tun:

Am Vortag mixt Du die Schlagsahne und den Joghurt. Letzterer sorgt dafür, dass die Butter zu Sauerrahmbutter wird. Über Nacht lässt Du die Mixtur bei nicht zu warmer Zimmertemperatur stehen. Bist Du unsicher, ob es klappt, fängst Du mit Süßrahmbutter an, also ohne Joghurt.

Jetzt muss die Sahne – mit oder ohne Joghurt – bestimmt 10 Minuten lang geschüttelt werden. Wollt Ihr das per Hand tun, gibst Du sie in ein Schraubglas und lässt sie reihum so kräftig wie möglich schütteln. Alternativ – oder nach Ermüden der Schüttler – kann der Schneebesen zum Einsatz kommen, mit dem die Sahne so steif wie möglich geschlagen wird. Dann wechselt Ihr zum Knethaken und knetet weiter, bis ein immer fester werdender Klumpen entstanden ist. Den trennt ihr von der ihn umgebenden Flüssigkeit, die Ihr nicht wegkippt, denn das ist echte Buttermilch. Wie einen Teig knetet Ihr die Butter nun so lange, bis alle Flüssigkeit entwichen ist. Jetzt könnt Ihr sie auf Brote schmieren und sie essen.

Wer möchte, kann den Klumpen über Nacht in Salzwasser baden, sodass salzige Butter entsteht. Oder Ihr mischt ihn mit fein gehackten Kräutern und habt Kräuterbutter.

Darüber könnt Ihr sprechen:

Viel Arbeit, oder? Wer Butter mit der Hand herstellt, merkt schnell, warum Menschen sich technische Geräte ausdachten, die ihnen die Arbeit abnehmen. Hat jemand eine Idee, wie man den Schneebesen auch ohne Strom zum Drehen kriegen könnte?

Tu was-Idee # 79

Korn dreschen und mahlen

Egal, ob selbst angebaut oder am Feldrand geerntet, wenn der Bauer es erlaubt: Vom Getreide zum Mehl ist es ein weiter Weg. Wer Geduld hat, versucht selbst, Korn zu dreschen und zu mahlen.

Das wird gebraucht:

abgeerntetes Getreide wie Roggen oder Weizen,
Scheren und ein Stoffbeutel,
ein Fön,
eine Kaffee- oder Getreidemühle,
eine große und eine kleine Steinplatte.

Das könnt Ihr tun:

Fragt im Sommer oder Herbst, auf welchem Feld Ihr ein paar Ähren samt Stielen abschneiden dürft. Steckt die Halme kopfüber in einen Stoffbeutel, verschließt ihn und schlagt ihn ausdauernd gegen eine harte Kante. Dadurch lösen sich die Körner aus der Ähre.

Schüttet den Beutelinhalt – Körner, Spreu und Halme – auf einen Tisch, sortiert die gröberen Halme aus. Lasst vorsichtig einen Fön über Körner und Spreu blasen, sodass die leichte Spreu wegfliegt. Die Körner bleiben liegen.

Ein paar Körner könnt Ihr knabbern, bevor Ihr den Hauptteil in einer sauberen Kaffee- oder Getreidemühle zu Mehl zermahlt. Ihr könnt die Körner aber auch – wie unsere Vorfahren – auf eine Steinplatte legen und eine kleinere Steinplatte darüber so lange hin und her bewegen, bis die Körner zermahlen sind.

Darüber könnt Ihr sprechen:

„Verdreschen" oder „Spreu vom Weizen trennen" – solche Wörter und Wendungen werden heute noch benutzt, obwohl kaum jemand Getreide selbst verarbeitet. Was ist damit gemeint?

Sprecht darüber, wie viel Arbeit nötig ist, bis wir ein Brot kaufen und essen können. Wie mag es früher gewesen sein, als es noch keine Bäckereien gab?

Noch mehr Arbeits-Ideen

 # 80 Immer neue Elektro-Küchengeräte scheinen erfunden zu werden. Besucht ein Elektronik-Kaufhaus mit Küchenabteilung, schaut Euch unbekannte Küchengeräte an und überlegt, was man damit macht. Sprecht darüber, ob man das auch ohne Strom machen könnte.

 # 81 Was Neues auf's Brot: Ziemlich leicht herzustellen und sehr gesund sind vegetarische Aufstriche. Überlegt Euch leckere Aufstriche, vielleicht aus vielen pürierten Sonnenblumenkernen, Gemüse, Gewürzen, Salz, Pfeffer und Zitronensaft.

 # 82 Meine Idee:

IM KÜHLSCHRANK

Warum werden die Dinge, die wir essen, nicht nur bei uns angebaut?

Was haben die Menschen gemacht, als es noch keine Lebensmittel aus fernen Ländern gab?

Welche Speisen gab es damals überhaupt?

Wie wäre es, wenn es keinen Kakao gäbe?

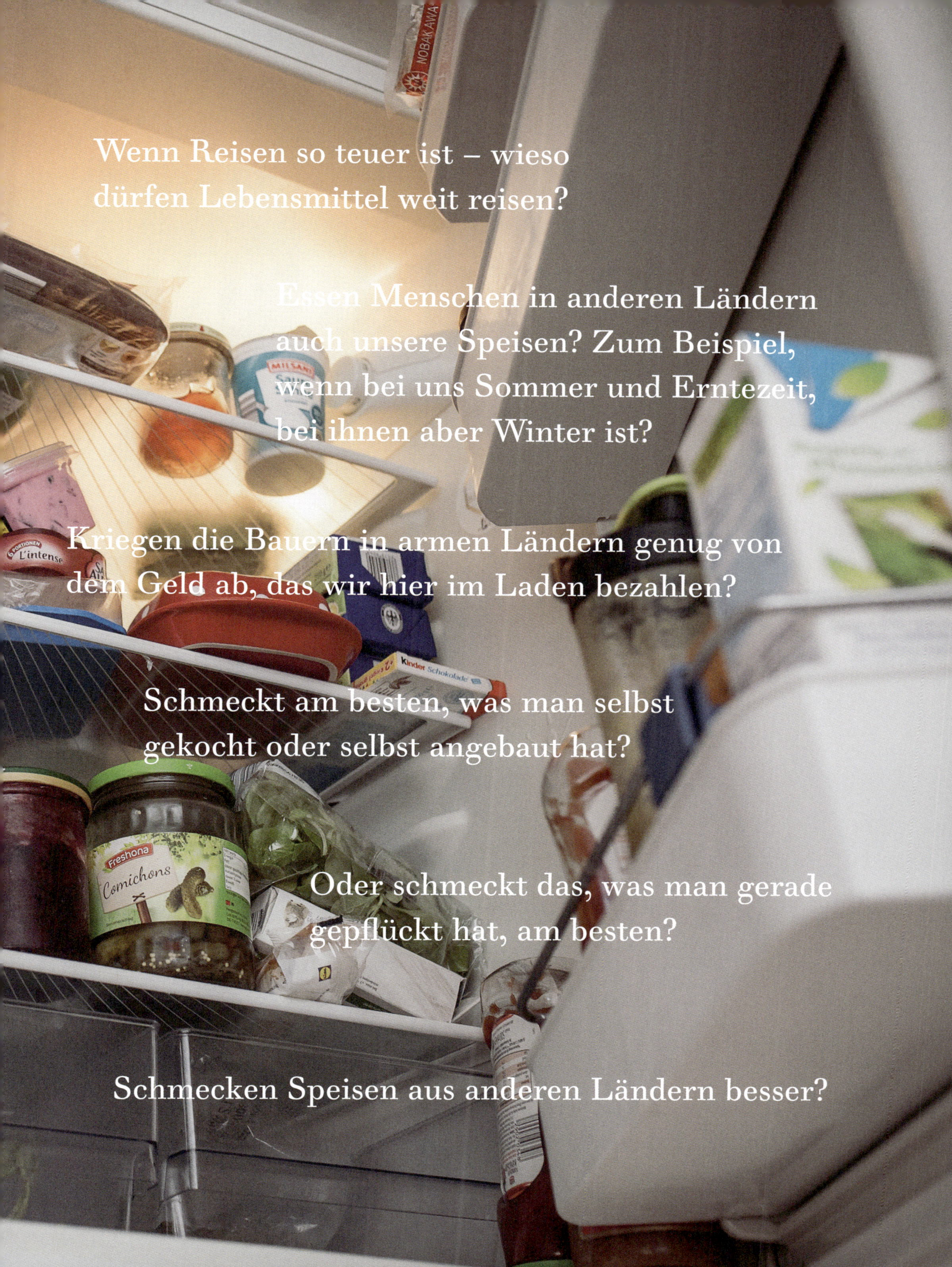

Wenn Reisen so teuer ist – wieso dürfen Lebensmittel weit reisen?

Essen Menschen in anderen Ländern auch unsere Speisen? Zum Beispiel, wenn bei uns Sommer und Erntezeit, bei ihnen aber Winter ist?

Kriegen die Bauern in armen Ländern genug von dem Geld ab, das wir hier im Laden bezahlen?

Schmeckt am besten, was man selbst gekocht oder selbst angebaut hat?

Oder schmeckt das, was man gerade gepflückt hat, am besten?

Schmecken Speisen aus anderen Ländern besser?

IM KÜHLSCHRANK

Ein Blick in Kühl- oder Vorratsschrank reicht aus, um den Globalisierungsgrad unserer Wirtschaft zu erfassen: Der Großteil der Speisen, die wir heute verzehren, enthält Lebensmitteln, die irgendwo auf der Welt angebaut wurden. Ein schöner Kontrast zu der kindlichen Vorstellung, dass sie hauptsächlich vom Bauern im nächsten Dorf stammen.

Dass viele der weitgereisten Produkte längst unverzichtbarer Teil unseres Lebens sind, kann Anlass sein, um über Bauern in anderen Ländern, weite Wege, liebgewordene Gewohnheiten und Gerechtigkeit nachzudenken.

Tu was-Idee # 83

Die Herkunft der Lebensmittel erforschen

Woher kommt das, was wir essen? Wahrscheinlich nicht vom Bauern nebenan oder vor der Stadt. Bei vielen Lebensmitteln erfährt man auf der Verpackung, woher sie kommen oder wo sie hergestellt wurden. Erforscht die Herkunft Eurer Speisen und markiert sie auf einer Weltkarte.

Das wird gebraucht:
eine Weltkarte, ein Atlas oder ein Computer; Klebezettel und Stifte.

Das könnt Ihr tun:
Zeige den Kindern, wo die Herkunft eines Lebensmittels im Supermarkt und auf Verpackungen vermerkt ist. Schreibt die gefundenen Angaben ab und ergänzt sie mit dem Bild des jeweiligen Lebensmittels.

Sucht die entsprechenden Länder auf einer großen Weltkarte und steckt Fähnchen mit kleinen Bildern der Lebensmittel an diese Stellen.

Darüber könnt Ihr sprechen:
Erzählt einander, welche der gefundenen Länder Ihr schon besucht habt. Wie mögen die Produkte zu uns gelangt sein: mit dem Lkw, der Bahn, dem Schiff oder dem Flugzeug? Überlegt, welche Produkte auch bei uns angebaut werden. Zum Beispiel Äpfel, Birnen, Kartoffeln…

Tu was-Idee # 84

Eine exotische Pflanze züchten

Warum wachsen Bananen, Reis, Linsen oder Avocados nicht bei uns? Statt diese Frage vorschnell mit den unterschiedlichen Klimazonen zu beantworten, bietet sich ein Versuch an: Pflanzt im Blumenkasten oder in der warmen Jahreszeit draußen einen kleinen Weltgarten an.

Das wird gebraucht:
Erde,
ein Blumenkasten,
eine Gießkanne,
Kerne diverser Früchte,
Reis, Linsen, Nüsse.

Das könnt Ihr tun:
Füllt den Blumenkasten mit Erde und wässert sie. Entfernt die Kerne aus möglichst reifen Südfrüchten, drückt sie in die Erde oder vergrabt sie einige Zentimeter tief. Sät Naturreis, Erdnüsse und Linsen aus – oder lasst sie vorher quellen und auf nasser Watte keimen, um zu beobachten, was sich tut. Markiert die Bereiche, in denen bestimmte Samen liegen, um zu wissen, welche Pflanze dort eventuell erscheint.

Interessanter ist es, wenn Ihr möglichst viele Aussäe-Versuche mit ungewissem Ausgang wagt, um Euch von keimenden und vielleicht sogar wachsenden Pflanzen überraschen zu lassen. Wer sicher sein will, informiert sich auf Seiten wie www.de.wikihow.com und sucht dort nach Stichworten wie: Erdnüsse, Reis … anpflanzen. Lasst die Pflanzen eine Weile im warmen Innenraum oder im Sommer draußen wachsen.

Darüber könnt Ihr sprechen:
Auf der Fensterbank wachsen offenbar viele exotische Pflanzen – aber warum nicht auf unseren Feldern? Sprecht über Klimaunterschiede, über die Mühen und Fehlversuche beim Anbauen und darüber, was es für Bauern bedeutet, wenn Pflanzen verdorren oder verfaulen.

Tu was-Idee # 85

Die Reise der Waren verfolgen

Verreisen spielen Kinder gern. Aber den weltweiten Warenverkehr hatten sie dabei wahrscheinlich noch nie im Sinn.

Das wird gebraucht:
Uwe Klindworths Buch „Milch kommt aus der Tüte und Jeans wachsen auf Feldern", veröffentlicht bei S. Fischer Verlage;
Waren aus dem Kaufmannsladen;
Spielzeug-Transportfahrzeuge.

Das könnt Ihr tun:
Betrachtet das Bilderbuch, in dem am Beispiel von Jeans, Schokolade oder Milch auf Wimmelbildern erzählt wird, welche Reise Rohstoffe hinter sich haben, bevor sie in der uns vertrauten Form als Lebensmittel oder Bekleidungsstück in unseren Wohnungen landen. Frage die Kinder, ob sie Lust haben, die Szenen nachzuspielen – am besten draußen im Sandkasten. Dort könnten Meere mit Häfen entstehen, lange Straßen oder Bahnstrecken mit vielen Zwischenstationen, an denen die Waren landen, bevor sie weitertransportiert werden. Natürlich gehören Störungen durch Stürme, Überschwemmungen, umkippende Container und vielleicht sogar Piratenüberfälle dazu.

Darüber könnt Ihr sprechen:
Viele gute Dinge kommen von weither zu uns – aber was bekommen die Menschen dort von uns zurück? Bekommt man von dem ganzen Warenverkehr wirklich etwas mit? Wie oft sieht man Kühlautos, Lastwagen, Container-Stapel, Güterzüge? Was ist gut am weltweiten Transport? Und was nervt eher?

Tu was-Idee # 86

Lasten tragen

Bevor die Menschen Lastwagen und Güterzüge kannten, wurden viele Waren auf dem Rücken transportiert. Zum Beispiel von Bauersfrauen, die ihr Obst und Gemüse in sogenannten Kiepen in die Stadt trugen, um es auf dem Markt zu verkaufen. Da hatten sie schwer zu schleppen, manchmal mehr, als das eigene Körpergewicht ausmachte. Schafft Ihr das auch?

Das wird gebraucht:
ein Korb oder Eimer,
Klebeband,
breite Bänder oder Schnüre,
Spielzeugwaren,
Holzbausteine,
eine Waage.

Das könnt Ihr tun:
Stellt Kiepen her, indem Ihr Tragegurte aus Schnur oder breiten Bändern an einem Korb oder großen Eimer wie an einem Rucksack befestigt. Lass die Kinder diese Kiepen mit Spielzeug oder Dingen aus dem Kaufmannsladen füllen. Nun können sie versuchen, die Kiepen anzuheben und damit umherzugehen.

Um die großen Gewichte, die eine Marktfrau bewältigen muss, nachfühlbar zu machen, stellst Du eine Waage auf. Ein Kind misst sein Gewicht und füllt danach seine Kiepe mit Bausteinen oder anderen schweren Dingen, bis die Waage das gleiche Gewicht anzeigt. Kann das Kind dieses Gewicht tragen – und sei es nur einen Moment lang?

Darüber könnt Ihr sprechen:
Warum haben die Marktfrauen keine Fahrzeuge benutzt? Was wäre geschehen, wenn die Marktfrauen keine Lust mehr gehabt hätten, die schweren Kiepen zu schleppen? Wären die Menschen in den Städten dann verhungert?

Noch mehr Kühlschrank-Ideen

 # 87 Ohne Kühlschrank geht es vielleicht auch: Überlegt und erfindet Möglichkeiten, Speisen ohne Kühlschrank kühl zu halten. Mögliche Ideen: Kühlakkus, Eiswürfel, verschiedene Schüsseln, kühle Räume…

 # 88 Wie lange dauert es, bis ein Eiswürfel geschmolzen ist? Und wie viel Zeit vergeht, bis alle Eiswürfel in einem großen Glas geschmolzen sind?

 # 89 Meine Idee:

AN DER BIOMÜLLTONNE

Wie wäre es, wenn man arm ist und nicht genug zu essen hat?

Gibt es bei uns Menschen, die Hunger leiden?

Isst man auch Sachen, die man nicht lecker findet, wenn man Hunger hat?

Darf man aus Hunger klauen?

Wieviel Lebensmittel braucht man für einen Tag, eine Woche?

Was braucht man mindestens, und wie viel haben wir zur Verfügung?

Wie viele Lebensmittel haben Menschen in anderen Ländern zur Verfügung?

Warum werfen wir etwas weg? Kaufen wir zu viel? Oder behandeln wir die Lebensmittel nicht gut genug?

Könnten wir oder andere Menschen die Lebensmittel, die wir wegwerfen, noch essen?

Sind Lebensmittel, die nicht mehr frisch sind, ungesund oder gar gefährlich?

AN DER BIOMÜLLTONNE

Hunger hat zwar jeder schon mal gehabt, aber nicht lange. Dass es was zu essen gibt, ist für uns so selbstverständlich, dass wir uns das Gegenteil – die ständige Suche nach Nahrung, die früher und in manchen Ländern auch heute zum Leben gehört – kaum vorstellen können. Wir stöhnen eher über zu viel auf dem Teller, essen nicht auf, und am Ende vergammeln die Lebensmittel. Es ist interessant, dieses Thema genauer zu beleuchten. Die Absurdität eines Lebens im Überfluss wird dabei erfahrbar.

Tu was-Idee # 90

Den Gammel-Test machen

Nicht alle Lebensmittel, die wir kaufen, essen wir auf. Wir lassen Reste auf dem Teller übrig, und manche Speisen vergessen wir so lange im Kühlschrank, bis sie ungenießbar geworden sind und im Mülleimer landen.

Findet heraus: Wie sieht es aus, wenn wir Dinge sehr lange vergammeln lassen?

Das wird gebraucht:
verschließbare Einmachgläser mit Gummidichtung,
Speisereste,
ein Fotoapparat.

Das könnt Ihr tun:
Schlage den Kindern vor, ein paar Lebensmittel so lange wie möglich vergammeln zu lassen. Wählt unterschiedliche Produkte aus – vielleicht Obst, ein Stück Brot, einen Rest vom Mittagessen, eine Süßigkeit – und legt sie jeweils in ein Einmachglas. Verschließt es sorgfältig, denn die in den Gläsern beginnende Schimmelbildung und üble Gerüche sollen Euch nicht belasten.

Fotografiert die Vergammel-Proben, druckt die Bilder aus und schreibt das Datum dazu. Legt die Fotos neben die Gläser. Regelmäßig, vielleicht jede Woche, macht Ihr nun Bilder, immer von der gleichen Position aus, und beobachtet, wie sich die Proben verändern – auf den Fotos und in den Gläsern.

Möglich wäre auch, das Experiment draußen durchzuführen, weil die Geruchs- und Schimmelbelastung dort kaum eine Rolle spielt. Außerdem setzen Sonne und Regen den Speisen intensiver zu.

Darüber könnt Ihr sprechen:
Warum verändern sich manche Lebensmittel schnell, während andere nach Wochen noch genauso aussehen wie am ersten Tag? Sind das die besseren Lebensmittel? Was passiert normalerweise mit vergammelten Speisen? Wie verändern sie ihre Gestalt? Wie kann man vermeiden, dass allzu viele Lebensmittel verderben, statt gegessen zu werden?

Tu was-Idee # 91

Einen Komposthaufen anlegen

Was man nicht aufisst, ist nicht verloren. Denn die Natur weiß Rat: Aus Obst- und Gemüseabfällen wird neue Erde, die Nahrung für neue Pflanzen bietet. Das könnt Ihr an einem Mini-Komposthaufen beobachten

---

Das wird gebraucht:
Schaufeln und Spaten,
ungekochte Küchenabfälle,
Plastikeimer.

Das könnt Ihr tun:
Legt einen kleinen Beobachtungs-Komposthaufen im Garten an. Beginnt, indem Ihr in einem schattigen, abgelegenen Bereich den Boden aufgrabt. Nun kommen alle Garten- und organischen Küchenabfälle, aber keine gekochten Speisen, die Ratten anlocken, in die Grube und werden immer mit ein wenig Erde bedeckt. Schaut nach ein, zwei Wochen nach, ob sich schon etwas verändert hat, also ob aus Gemüse Erde wurde und Regenwürmer darin unterwegs sind.

Lasst den Komposthaufen wachsen und versorgt ihn in heißen Zeiten mit etwas Wasser, damit er nicht zu trocken wird. Nach ungefähr sechs Wochen dürfte sich zeigen, dass von den hineingegebenen Speisen nichts mehr zu erkennen ist – nur noch Erde, die Ihr zum Pflanzen sieben könnt, ist zu sehen.

Interessant sind auch Mini-Komposter aus Eimern, in die Ihr einen Wasserhahn einbaut – und Mikroben, die auf die Lebensmittel gestreut werden. Genaueres erfahrt Ihr unter: http://www.smarticular.net/bokashi-eimer-30-minuten-selber-bauen/.

Darüber könnt Ihr sprechen:
Gut, dass es Regenwürmer und Fliegen gibt, die unsere Essensreste in Erde verwandeln! Was wäre, wenn sie plötzlich verschwinden würden? Übriggebliebene oder verdorbene Lebensmittel in Erde verwandeln – warum tun Insekten und Würmer das? Ist es ein Glück, dass wir drei – Mensch, Fliege und Wurm – zusammengetroffen sind?

Noch mehr Biomüll-Ideen

#92 Ermittelt, wie lange die Waren in Eurem Kühlschrank und Küchenregal noch halten. Ordnet die Dinge wie in einem Kalender nach dem Tag, bis zu dem sie verbraucht werden sollen. Fotografiert sie dafür, hängt die Fotos auf – und achtet darauf, die Lebensmittel rechtzeitig zu verbrauchen.

#93 Meine Idee:

IM GARTEN

Was kann man alles mit einem Garten anfangen?

Kann man alle Lebensmittel dort anbauen?

Welche Tiere leben im Garten?

Wo würden sie leben, wenn sie diesen Garten nicht hätten?

Wie viele Pflanzen gibt es im Garten?

Was brauchen Pflanzen zum Wachsen?

Sind Tiere und Pflanzen auch manchmal glücklich? Oder unglücklich?

IM GARTEN

Es ist schön, bei Sonnenschein auf der Wiese zu liegen. Es macht Spaß, draußen herumzutoben, sich hinter Büschen zu verstecken oder auf Bäume zu klettern. Ebenso viel Spaß macht es, auf Beeten Blumen oder Gemüse anzubauen. Alle Kinder wissen: Gut für uns, dass es Gärten gibt!

Weniger klar ist jedermann, dass von – naturbelassenen – Gärten auch viele andere Lebewesen profitieren: Kleine Tiere, Insekten und Vögel nutzen Grünflächen mindestens genauso intensiv wie wir. Pflanze leben in engen Kreisläufen miteinander, nutzen ihre jeweiligen Stärken und Besonderheiten. Doch manchmal machen wir mit unserer Art, jede Freifläche zu besetzen, den Tieren und Pflanzen das Leben schwer.

Wenn Du mit den Kindern in den Garten gehst, dann lass sie natürliche Zusammenhänge erfahren. Das kann dazu beitragen, dass sie mehr Achtung für alles aufbringen, was in diesem Biotop lebt.

Tu was-Idee # 94

Garten-Bauern werden

Wie ein Apfel am Baum reift, das wissen auch Stadtkinder. Von der Produktion des Getreides, das in so vielen Lebensmitteln steckt, kriegen sie jedoch wenig mit.

Wie sieht es aus, wenn auf den langen Halmen des Weizens winzige Körner reifen? Ihr könnt es erleben, auf einem winzigen Stück Acker im Garten.

Das wird gebraucht:

eine Gartenfläche von 1 x 1,5 Metern,
Spaten und Harke,
Weizen- oder Roggenkörner aus dem Bioladen,
Erde,
Wasser aus der Gießkanne.

Das könnt Ihr tun:

Beginnt diese Aktion am besten im März oder April. Wählt ein sonniges Stück Garten aus und entfernt dort – am besten in rechteckiger Form – allen Bewuchs. Grabt den Boden gut um und glättet ihn mit der Harke. Verteilt die Körner gleichmäßig über die Fläche, harkt sie ein wenig unter, so dass sie vielleicht 2 oder 3 Zentimeter unter der Erde liegen. Gießt Euer Feld das erste Mal – und dann bei trockenem Wetter mäßig. Wartet darauf, dass die Körner zu sprießen beginnen. Wer will, kann das Sprießen beschleunigen, indem er die Körner einige Stunden vor der Aussaht einweicht.

Die jungen Pflanzen, die Ihr im März ausgesät habt, brauchen bis zum Sommer Zeit zum Wachsen. Schön sehen ein paar dazwischen gesäte Mohn- oder Kornblumen aus.

Bilden sich endlich pralle Ähren heraus? Dann müsst Ihr noch ein bisschen warten, bis Weizen oder Roggen gelb und trocken werden. Nun könnt Ihr ernten.

Auch im Blumenkasten wächst Weizen gut. Wichtig ist aber, den Kasten zumindest während der Blüte des Weizens rauszustellen, damit die Pflanzen bestäubt werden.

Darüber könnt Ihr sprechen:

Welche Gefahren könnten die Ernte beeinträchtigen? Was kann man dagegen tun? Wie viele Weizenpflanzen braucht man für ein Brot? So viele, wie auf einer Fläche von 1,5 Quadratmetern wachsen? Oder mehr?

Wie viele Pflanzen braucht man für all das Mehl, aus dem Brot und Kuchen gebacken werden, die wir täglich essen?

Tu was-Idee # 95

Die Natur machen lassen

Der Garten gehört uns. Oder gehört er sich selbst? Probiert aus, was passiert, wenn man ein Stück Garten sich selbst überlässt.

Das wird gebraucht:
ein Gartenbereich;
Zweige, Äste und Steine;
Spaten;
eventuell ein kleiner Zaun.

Das könnt Ihr tun:
Legt einen Bereich im Garten fest, der sich selbst überlassen wird und nicht mehr betreten werden darf. Gut geeignet ist eine nicht zu schattige Ecke am Rande, an die andere Gärten, ein Feld oder ein Waldrand grenzen. Sie muss nicht größer als 2 x 2 Meter sein. Markiert diesen Bereich provisorisch, entfernt dichten Rasen oder anderen Einheitsbewuchs und grabt den Boden mit dem Spaten etwas auf, damit sich neue Pflanzen ansiedeln können. Oder Ihr sät selbst Pflanzen aus, am besten Wildblumensamen. Beim Spaziergang durch Feld und Wiese könnt Ihr die Samen verblühter Blumen sammeln. Dann müsst Ihr keine Samentütchen kaufen.

Selten findet sich in der Natur eine kahle Stelle wie Euer Versuchsfeld. Kleine Tiere verstecken sich dort aber nur ungern. Deshalb legt Ihr zwei Kleintier-Rückzugsräume an, einen Steinhaufen und eine Holz-Mauer. Für den Steinhaufen sammelt ihr verschieden große Steine und schichtet sie locker auf. Etwas Erde und Moos darf probeweise darauf Platz nehmen, vielleicht besiedelt es den Steinhaufen.

Große und kleine Aststücke, Holzscheite und dünnes Reisig tragt Ihr zusammen und stapelt es zu einer kleinen Mauer, die bald zu einem beliebten Insekten-Treffpunkt wird. Vor allem die Ritzen zwischen den Holzscheiten, gemixt mit abgesägten Aststücken, werden zum Insektenhotel, in das Bienen, Hummeln und Käfer gern einziehen.

Verabredet, das Grundstück nun nicht mehr zu betreten. Ein kleiner Zaun hilft, sich daran zu erinnern, dass man nur hineingucken darf. In den kommenden Monaten steht Ihr da, seht die Tierchen krabbeln, hört sie summen und könnt beobachten, welche Pflanzen sich seit dem letzten Besuch dort angesiedelt haben.

Darüber könnt Ihr sprechen:
Wie sähe es aus, wenn man im Garten, im Park, auf dem Feld oder gar auf der Straße alle Pflanzen einfach wachsen lassen würde? Wie sah die Welt aus, bevor die Menschen sie besiedelten, Häuser und Straßen bauten, Felder anlegten und bestellten? Ärgern sich die Tiere, weil die Menschen ihnen den Platz weggenommen haben?

Manche Leute sagen: „Hier wächst nur Unkraut.“ Ist Unkraut schlecht? Sind nur Nutzpflanzen gut? Sind die Blumen, die von selbst wachsen, weniger schön als die gezogenen und gekauften? Zwischen den Aststücken hausen Insekten. Sind diese Tiere gefährlich für uns? Wäre es besser, wenn es sie nicht gäbe? Welchen Nutzen haben sie für uns?

Tu was-Idee # 96

Mini-Planeten im Glas erschaffen

Wie wunderbar und schützenswert unsere Atmosphäre ist, kann man vielleicht nur von außen wirklich verstehen. Wenn Ihr schon nicht ins Weltall reisen könnt, erschafft Ihr eine eigene Mini-Atmosphäre, in der es grünt, wächst, und manchmal entsteht sogar Nebel.

Das wird gebraucht:
ein Einmach- oder Marmeladenglas mit Schraubdeckel,
Heißkleber,
kleine Kieselsteine,
Moos, Wasser und Sand.

Das könnt Ihr tun:
Erschafft eine luftdicht abgeschlossene Welt im Glas: Legt den Glasdeckel mit der Öffnung nach oben vor Euch. Legt eine Schicht kleine Steine bis fast zum Rand als Boden aus, bedeckt sie mit etwas Sand, setzt Moos darauf und wässert es mäßig.

Setzt das Glas auf den Deckel und schraubt es möglichst fest zu. Um kleine Ritzen zwischen Glas und Deckel zu stopfen, könnt Ihr eine Spur Heißkleber über den Innenrand des Deckels ziehen. Nun ist Euer Mini-Planet fertig. Stellt ihn auf die Fensterbank und schaut zu, was sich von Tag zu Tag verändert: Manchmal wächst das Moss kräftig, dann scheint es zusammenzufallen. Vielleicht wachsen einzelne Pflänzchen zwischen dem Moos hoch und gehen wieder ein. Auch das Wetter auf dem Mini-Planeten scheint sich zu ändern: Manchmal beschlagen die Scheiben, oder es bilden sich Tropfen im Inneren. Dann ist die Sicht plötzlich wieder klar.

Darüber könnt Ihr sprechen:
Über das Leben in der Mini-Welt: Könnte man auch kleine Tiere dort ansiedeln? Wäre es den Tieren und ist es dem Moos irgendwann zu eng? Über die wirkliche Welt: Vergleicht die Mini-Welt mit unserer Atmosphäre. Hat unsere Welt auch einen Deckel? Kann es passieren, dass unser Deckel irgendwann undicht wird?

Über Wetter und Wasser: Wo wandert das Wasser im Mini-Planeten herum? Wird es getrunken und wieder ausgespuckt? Wo wandert das Wasser auf unserem Planeten umher?

Tu was-Idee # 97

Das Gras von unten anschauen

Was ist unter der Erde? Da ist eine Menge los, werdet Ihr feststellen, wenn Ihr im Boden grabt. Baut einen Beobachtungsposten, um die Welt unterhalb der Grasnarbe kennenzulernen.

Das wird gebraucht:
Spaten und Eimer,
eine große Plexiglasscheibe oder ein kleines Fenster,
ein Brett.

Das könnt Ihr tun:
Sucht eine Stelle am Rand einer Wiese, um dort ein Loch zu graben. Es sollte so breit und so tief sein wie Eure Glas- oder Fensterscheibe, die Ihr als gläserne Wand in das Loch steckt, um später einen Blick in das Innere der Erde werfen zu können.

Euer Loch muss auf einer Seite eine gerade Wand haben. An dieser Seite bringt ihr die Scheibe so an, dass sie nicht umkippen kann. Füllt den Ritz zwischen Scheibe und Lochwand mit Erde auf. Vielleicht ist es günstig, an der gegenüberliegenden Loch-Seite eine Art Treppenstufe zu bauen, um bequem ins Loch steigen zu können. Deckt das fertige Schau-Loch mit einem stabilen Brett ab, damit niemand aus Versehen hineinstolpert und es im Loch schön dunkel ist.
Ab und zu findet der „Tag des offenen Lochs“ statt. Dann öffnet Ihr den Brett-Deckel und schaut nach, ob sich Tiere hinter der Scheibe aufhalten.

Darüber könnt Ihr sprechen:
Über Käfer und Insekten: Sind Käfer selten, weil man nicht oft welche sieht? Nein, es gibt wesentlich mehr Käfer als alle anderen Lebewesen – zusammengenommen. Wo wohnen diese kleinen Tiere?

Über das Leben unter der Erde: Wie mag es sich anfühlen, im Dunkeln zu leben?

Über die Aufgaben der Untererd-Bewohner: Nützen uns Regenwürmer und Käfer?

Noch mehr Garten-Ideen

 # 98 Ermittelt, welche essbaren Kräuter sich im Garten und auf umliegenden Wiesen befinden. Sammelt sie, wascht sie gut und esst sie als Salat oder Suppe: Sauerampfer-Kerbel-Suppe, Wildkräutersalat.

 # 99 Findet heraus – zum Beispiel auf www.mundraub.org –, wo in Eurer Gegend Himbeer- und Brombeersträucher, Apfel-, Pflaumen- und Birnbäume stehen, an denen man sich frei bedienen kann. Sammelt Obst und verarbeitet es.

 # 100 Sucht nach Rosenblätter-Rezepten und verzehrt eine der schönsten Gartenblumen als Pfannkuchenbelag oder selbstgekochtes Rosenwasser.

 # 101 Stellt ein Langzeit-Garten-Daumenkino her, indem Ihr jeden Tag an der gleichen Stelle ein Foto macht – mit möglichst dem gleichen Bildausschnitt. Hilfreich ist ein markierter Standpunkt oder eine Stopp-Motion-App, die es ermöglicht, das alte und das neue Bild gleichzeitig zu sehen. Druckt die Bilder aus und erhaltet einen Film: Das Gartenjahr zum Durchblättern.

 # 102 Meine Idee:

SECHS METHODEN ZUM WEITER-DENKEN

Nun bist Du, liebe Leserin, lieber Leser, als Erfinderin oder Erfinder neuer Aktionen zum Thema „Nachhaltigkeit" gefragt. Fast alles, was es zu kaufen gibt, kann man selbst machen, wenn man das Rezept kennt: Darum endet das Buch mit einem Rezept für Nachhaltigkeits-Projekte.

Das wird gebraucht:
Deine Erfahrungen,
Deine Kompetenzen und Vorlieben,
Stifte und Papier,
Neugier auf Neues.

Das kannst Du tun:
Bei jedem neuen Thema, jeder Forscherfrage, die Kinder mitbringen, kannst Du die folgenden vier Methoden testen. Nicht immer, aber verblüffend oft entstehen daraus neue Aktionsideen.

Methode 1: Alles andere beiseite oder Wie sieht das genau aus?
Viele alltägliche Abläufe in der Natur versteht man erst, wenn man sie wie im Labor nachstellt, sie also aus dem gewohnten Zusammenhang löst und sie so aufbaut, dass man sie gut beobachten kann: Den vergammelnden Apfel übersieht man in der Obstschale. Liegt er mitten auf dem Forschertisch, sieht man genau hin. Wie schmutzig Ruß ist, ahnt man zwar, sieht es aber erst beim Filtern wirklich. Zur genauen Bobachtung bietet es sich an, Fotos von den Experimenten zu machen, sich über die Eindrücke auszutauschen und die Ergebnisse festzuhalten.

Methode 2: Nachmachen erbeten oder Wie funktioniert das?
Alles, was kompliziert ist, kann man verstehen, wenn man es als Modell nachbaut. Egal, ob es sich um technische Geräte oder natürliche Zusammenhänge handelt.

Modell, das heißt: Dinge verkleinern oder vergrößern, um einen Gesamtzusammenhang oder eine Einzelheit zu betrachten. Am Modell kann man Funktionsweisen erkennen oder nachspielen: Eine im Wasserbecken nachgebaute Talsperre macht klar, was Wasserkraft ist und vermag. Ein nachgebautes Rieseninsekt zeigt, wie seine Flügel aufgebaut sind.

Methode 3: Das Vorleben der Dinge oder Wo kommt das her?
Jeder Gegenstand, jede Frucht und jedes Lebewesen haben eine Geschichte. Es ist immer wieder interessant und aufschlussreich, sie detektivisch zu ermitteln: Wer hat die Schere erfunden? Wo kam das Material für unsere Stühle her? Wo wurde diese Banane angebaut, gepflückt und verschickt? Beim Ermitteln solcher Ding-Geschichten stößt man unweigerlich auf Fragen nach Rohstoffen und Akteuren bei der Herstellung, beim Transport bis zu uns – und landet überraschend oft beim Thema „Gerechtigkeit“.

Methode 4: Reise in die Vergangenheit oder Wie war's ohne...?
Die Menschheit hat sich langsam entwickelt. Um über alltägliche Abläufe ins Nachdenken zu kommen, ist es gut, sich an die Zeit vor der Erfindung bestimmter Dinge zu erinnern. Wie behalf man sich, als es noch keine Häuser, Stifte, Scheren, Zahnbürsten oder Handys gab? Hinter welchen Erfindungen steckt besonders viel Erfindergeist? Welche Erfindungen braucht man unbedingt? Welche könnten besser unerfunden geblieben sein? Und wofür gäbe es Alternativen?

Methode 5: Reise um die Welt oder Wie macht man das anderswo?
Diese Methode ist zwar eng mit der vorherigen verwandt, aber die Reise um die Welt hat eine zweite Perspektive: Manchmal hatten Menschen anderswo andere gute Ideen, um alltägliche Probleme zu lösen. Oft zeigt der Blick in die Ferne aber auch, dass wirklich sinnvolle, lebensnotwendige oder angenehme Dinge auf der Welt ungleich verteilt sind: Wir haben fast alles, andere Menschen müssen selbst beim Essen knapsen.

Methode 6: Reise nach Absurdistan oder Was wäre, wenn...?
Ebenfalls eng verwandt mit beiden vorherigen Methoden: Kinder haben Spaß daran, sich absurde Alternativen zum Alltag auszumalen. „Stellt euch vor, statt des Klos gäbe es nur...“

Je absurder eine solche Alternativ-Idee ist, desto besser kann sie auf neue Ideen bringen: Viele große Erfindungen beruhen darauf, dass sich Menschen Utopien ausdachten.

Die Reise nach Absurdistan kann also in ganz reale Bau- und Forschervorhaben münden – und den Blick für all die Absurditäten der Realität schärfen: „Ist es nicht komisch, dass wir immer...“

Ein Riesenspielplatz zum Anders-Denken und Spielen rund um Energie und Umwelt:

WAS MACHT DIE KUH IM KÜHLSCHRANK?

So heißt die erste interaktive Wanderausstellung zum Thema: Bildung für nachhaltige Entwicklung. Für Kinder zwischen drei und acht Jahren und Erwachsene.

Wie kommt das Essen auf deinen Teller?
Wie wäre es, wenn wir kein Wasser hätten?
Was ist dein Lieblingsessen und was essen andere am liebsten?
Können Bücher Häuser sein?
Was essen wir in hundert Jahren?
Womit spielst du, womit spielen andere Kinder am liebsten?
Hat jeder Mensch ein Wohnzimmer?
Wie wollen wir leben?
Woher kommt die Energie dafür?

Fragen, denen wir in „Was macht die Kuh im Kühlschrank?" gemeinsam auf die Spur gehen

Hühner im Küchenschrank? Ein Klo aus Pappe? Ein Fernseher ohne Strom?

In der rund 200 m^2 großen Wanderausstellung aus Pappe regen viele irritierende Dinge dazu an, sich mit Fragen nachhaltiger Entwicklung spielerisch auseinanderzusetzen.

Die interaktive Ausstellung „Die Kuh im Kühlschrank" lädt ein, das Zuhause neu zu entdecken und die Welten, zu denen es sich öffnet. Das etwas andere Zuhause schafft Anlässe für Kinder und Erwachsene, Themen nachhaltiger Entwicklung mittels vielfältiger Ausdrucksweisen zu ko-konstruieren – spielerisch, sinnlich und experimentell. Es bietet dazu spannende Impulse und Ideen für die Praxis in Kita, Schule, Ausbildung und Familie, denn alle Ideen sind mit Alltagsmaterialien umsetzbar, knüpfen an die Lebenswelt von Kindern an und lassen sich auf andere Themen übertragen – von kleinen Aktionen bis zu großen Projekten rund um das komplexe Thema „Bildung für nachhaltige Entwicklung".

Die Zukunft spielt im Kindergarten!

Hallo!

Bitte eintreten: Innen ist es ein bisschen wie in jeder Wohnung – und doch anders. Erstens sind Wände und Möbel komplett aus Pappe. Zweitens kann man in jedem Zimmer Dinge entdecken, die es sonst in Wohnungen nicht gibt: Vom Klo aus kann man ins Abwasserrohr steigen. Durch die Riesensteckdose kann man durchschauen. Und irgendwo im Küchenschrank legt ein dickes, schwarzes Huhn ein Ei – zum Glück direkt in die Bratpfanne! Viele weitere irritierende Dinge regen die Besucher in diesem ganz besonderen Zuhause dazu an, sich mit Fragen nachhaltiger Entwicklung spielerisch auseinanderzusetzen. Lust auf einen kleinen Rundgang? Los geht's!

Im Bad

Ein Klo gibt es natürlich auch in der Ausstellung. Aber ihm fehlt etwas Wichtiges: Wasser, das große und kleine Geschäfte wegspült. Wohin eigentlich? Weil das Klo trocken und sauber bleibt, können die Kinder diesen Weg selbst verfolgen, denn das geöffnete Klo lädt zum Krabbeln in die Dunkelheit der Kanalisation ein. Um Klo, Waschbecken und Dusche benutzen zu können, braucht man einen Wasseranschluss. Den kann man selbst bauen. Mit der Wasserleitung und dem Kanal ist ein Klo in der Wohnung eine ziemlich komplizierte Sache. Wie ginge es ohne? Im Klomuseum erfährt man, wie die Leute früher oder anderswo auf der Welt ihr Geschäft verrichteten.

Thema: Mit allen Wassern gewaschen ʃ
Kreisläufe entdecken: Vom Bad zum Wasser als Ressource

In der Küche

Die Küche samt Küchenzeile mit Herd, Kühlschrank und dem Oberschrank ist aus Pappe. Natürlich gibt es auch Tische, Küchengeräte und ein Familienbild an der Wand. Allerdings wird das Essen nicht gekauft, sondern direkt in der Küche produziert, weil eine Kuh im Kühlschrank wohnt, weil deren Euter an die Milchflasche angeschlossen ist, und weil die Eier aus dem Huhn in die Pfanne fallen. Viel praktischer, als wenn Milch und Eier erst anreisen müssen – von wo eigentlich?

Eine Menge alter Maschinen steht herum, und einige sind gar nicht leicht zu bedienen. Was haben die Leute früher damit gemacht? War das nicht anstrengend? Und benutzt heute noch jemand so etwas?

Thema: Wie die Vielfalt auf den Teller kommt ʃ
Staunen und spekulieren: Von der Küche zu nachhaltiger Ernährung

Im Kinderzimmer

Zwar ganz nett, dieses große Kinderzimmer mit Bett, Kaufmannsladen und Regalen, aber neue, glänzende Spielzeuge gibt es hier nicht. Dafür finden sich viele andere Sachen, mit denen man auch gut spielen kann, zum Beispiel der ganze Krempel, der im Kaufmannsladen bereit liegt. Was ist eigentlich eine Tüte Kronkorken oder eine Schaufel bunter Plastikschnipsel wert? Kommt drauf an, wie viel man daraus machen kann. Aus alten Sachen kann man nämlich eine Menge basteln und bauen. Zum Beispiel einen Sessel aus Kuscheltieren, ein Puppenhaus aus Büchern und einen Roboter aus alten CD-Playern.

Thema: Wie das Spielzeug seinen Wert erhält ʃ Wertschätzend spielen und handeln: Vom Kinderzimmer zu nachhaltigem Konsum

Im Wohnzimmer

In diesem Wohnzimmer kann was nicht stimmen. Die Steckdosen sind groß wie Hüte, die Kabel dick wie Schläuche, und daran hängen sonderbare Geräte. Auch der Fernseher ist riesig und hat eine Fernbedienung, die so schwer ist wie ein dickes Buch. Welche Programme bietet das Gerät? Gar keine – es sei denn, man macht sie selbst. Wer seine Lieblingssendung sehen will, muss sie also spielen. Wer die Roboter-Staubsaug-Maschine benutzen will, muss selbst Geräusche machen. Wenn die Bewohner des Puppenhauses Licht brauchen oder fernsehen wollen, muss man den Strom dafür selbst herstellen, indem man ein Stromrad dreht.

Thema: Vom Sofa in die Ferne schweifen ʃ In Alternativen denken: Vom Wohnzimmer zu Energie- und Lebensstilvielfalt

Das interaktive Konzept sieht vor, die Ausstellung wandern zu lassen und sie an jedem Ort mit den dortigen pädagogischen, politischen und künstlerischen Kompetenzen zu verbinden. Zugleich erlaubt das neue Ausstellungssystem den flexiblen Aufbau in verschiedenen Größen und die Nutzung für Veranstaltungen, Kongresse, Aus- oder Fortbildung und Events der nachhaltigen Art.

Mehr zum Projekt, zu Urhebern und Förderern unter **wamiki.de** und **kuhimkuehlschrank.de**

Mehr Infos zum Ausleihen, Besuchen, Mitmachen gibt es bei:

Was mit Kindern GmbH
Kreuzstraße 4 ∫ 13187 Berlin
Telefon: +49 30 / 48 09 65 36
Fax: +49 30 / 48 09 65 35
E-Mail: redaktion@wamiki.de

www.wamiki.de
www.kuhimkuehlschrank.de

WIRD UNS DAS GERECHT?

Liebe Leserin, lieber Leser,

heute schon einen Streit zum Thema „Das ist unfair“ geschlichtet? Bestimmt. Wer in Kindereinrichtungen arbeitet, erlebt vermutlich selten Tage, an denen es nicht um die Frage geht, was ungerecht ist. Schon relativ kleine Kinder denken darüber nach, ob alle zum gleichen Recht kommen, ob sie selbst oder andere Menschen benachteiligt werden. Dass sie das so intensiv tun, liegt natürlich auch daran, dass sie fast nie allein sind – wo viele Menschen aufeinandertreffen, gibt es immer Gründe, etwas als unfair zu beklagen. Und wenn man wie Kinder wenig zu sagen hat, dürfte dieses „Unfair“-Gefühl sie oft beschleichen.

Heute schon etwas zum Thema „Unfair“ gehört oder gelesen? Scrollt man durch Internetportale oder liest Zeitungen, scheint Ungerechtigkeit wirklich das Thema der Zeit zu sein. Überall wird beklagt, wie ungerecht es zugeht – aber wer dabei benachteiligt wird, das wechselt. Ist es unfair, dass es Armut gibt, oder eher, dass ehrliche, hart arbeitende Milliardäre etwas abgeben müssten? Ist es ungerecht, dass Migranten in diesem Land keine Chancen haben oder dass sie durch Tätigkeitsverbote den steuerzahlenden Menschen etwas wegnehmen könnten? Ist das, was Trump tut, der Gipfel an Unfairness oder wehrt er sich einfach nur im Namen aller, denen Ungerechtigkeit widerfuhr? Linke, Mitte-Menschen und düsterste Rechtspopulisten teilen zwar immer weniger Positionen, aber in jedem Fall die Vorstellung, dass es bei uns sehr, sehr ungerecht zugeht – bloß eben für jeweils andere Leute.

Wie ist das mit der Idee einer universellen Gerechtigkeit, einer total fairen Welt: Träumst du davon? Oder hältst du sie für unrealistisch? Vielleicht gehst du sogar davon aus, dass dieses dringende Problem der Ungerechtigkeit immer wieder gebraucht wird, um darüber zu diskutieren, wie eine bestmögliche Gesellschaft aussehen könnte? Egal, ob auf der ganzen Welt, in unserem Land oder in der Bienengruppe im Kindergarten?

In diesem Heft schauen wir uns jedenfalls das Thema „Ungerechtigkeit“ an, um vielleicht am Ende herauszufinden, wie man fair damit umgehen kann, dass es immer irgendwie ungerecht zugeht. Dass wir dem Thema bei so viel Ungerechtigkeit halbwegs gerecht werden, hofft

deine **wamiki**-Redaktion.

INHALT

Heft # 5/2025 **Voll unfair!** — Thema: Gerechtigkeit

Foto: Markus Spiske / unsplash

1.

DAS WAR VOLL UNGERECHT!

Erzähl mal.

KANN MAN DEM WORT „GERECHT" GERECHT WERDEN?

Text: Michael Fink

Gerechtigkeit ist ein uraltes Wort. Selbst die ältesten schriftlichen Zeugnisse der Menschheit beschäftigen sich damit, was „gerecht" und „richtig" ist. Unser deutsches Wort „gerecht" stammt wohl aus dem Gotischen und wurde schon um 900 regelmäßig verwendet. Seine Bedeutung liegt irgendwo zwischen „passend", „mit dem Recht übereinstimmend" und „auf der rechten Seite". Eng verwandt ist es mit dem Wort „rechts", das für „aufrecht" und „gerade" steht, aber auch mit „Herrschaft" assoziiert wurde. Das lateinische Wort „rex" für König klingt nicht nur so, sondern ist mit „Recht" verwandt. Dem gegenüber steht „links" für „krumm" oder „verkehrt" – noch erkennbar an Wörtern wie „linkisch".

Für das wichtigste Buch vieler Religionen ist „gerecht" das wohl wichtigste Wort. In Luthers Bibel kommt es – auch in der Form von „ungerecht" – fast 1000-mal vor. Ob es der „gerechte Zorn" des Bibel-Übersetzers über den Papst war, der ihn bewog, das Wort in vielen Sätzen sogar mehrmals auftauchen zu lassen? „Wenn ein Hader zwischen Männern entsteht, und sie vor Gericht treten, und man richtet sie, so soll man den Gerechten gerecht sprechen und den Schuldigen schuldig", heißt es im 5. Buch Mose, und in der Bergpredigt verspricht Jesus: „Glückselig die nach der Gerechtigkeit hungern und dürsten, denn sie werden gesättigt werden."

Anzumerken ist, dass das Wort „gerecht" damals eine andere Bedeutung hatte als heute. „Gerecht" war, wer das „Recht" einhielt, womit vor allem das göttliche Gesetz gemeint war.

Erst zur Zeit der Aufklärung und der Industrialisierung entwickelte sich die heute viel beliebtere Bedeutung: „Gerecht" geht es zu, wenn niemand größere Vorteile als jemand anders hat, auch wenn beide Seiten vielleicht formal im Recht sind. Das hat sicherlich damit zu tun, dass sich die Menschen seitdem immer stärker von Göttern und Herrschern emanzipierten, die über die Gerechtigkeit wachten, und nun selbst darüber entscheiden, was Recht ist.

Dass man selbst oder eine nahestehende Gruppe benachteiligt wird, ist heute zur einem der wichtigsten Beschwerdethemen überhaupt geworden. Aufschluss darüber erhält man, wenn man Suchwörter wie „Es ist nicht gerecht" bei Google eingibt. Dann entfaltet sich ein ganzes Panorama an Menschengruppen, die offenbar zu Gunsten anderer Menschengruppen benachteiligt werden. Dabei spielt es oft nur eine geringe Rolle, ob die betreffenden Gruppen wirklich schlechte Bedingungen haben.

So liest man zum Beispiel:

Es ist ungerecht, dass Menschen, die wenig verdienen, auch im Alter arm sind.

Es ist ungerecht, dass Menschen, die viel leisten und deshalb viel verdienen, mehr in die Kranken- und Pflegeversicherung einzahlen.

Es ist ungerecht, dass man jemanden besteuert, der sich ein Vermögen aufgebaut hat, enorm viel Steuern bezahlt und zugunsten seiner Nachkommen auf Vieles verzichtet.

Es ist nicht gerecht, wenn acht Männer so viel Geld besitzen wie 3,6 Milliarden Menschen.

Es ist unfair, dass junge Frauen eine günstigere Kfz-Versicherung erhalten als junge Männer.

Es ist nicht gerecht, Mütter zu bestrafen, die nur ein oder zwei Kinder bekommen haben.

Ich meine, es ist nicht gerecht, wenn die 50%-Quote nur für Frauen gilt (und nicht für mich als Mann).

Es ist ungerecht, wenn der im Plattenbau und in seiner Kabine wohnende Lkw-Fahrer mit harter Arbeit, persönlichem Risiko und Trennung von seiner Familie dem Nichterwerbstätigen ein Leben in der Villa mit Park im Nobelvorort finanziert.

Es ist ungerecht, dass die Homosexuellen so eine gute Lobbyarbeit gemacht haben und deshalb ihre Rechte viel schneller einfordern konnten als andere Gruppen.

Das große Interesse an Gerechtigkeitsfragen greifen moderne Politiker gern auf, um es in ihr politisches Süppchen zu rühren. Besonders bei lediglich empfundenen Ungerechtigkeiten bietet es sich an, auf das unschärfere, aber emotionalere Wort „unfair" zurückzugreifen:

„Wir haben die Wahl gewonnen, und es ist nicht fair, uns den Sieg so zu nehmen. Es kann nicht sein, dass ich Georgia verloren habe", beklagte sich Donald Trump.

„Es ist unfair, wenn Menschen in Bayern ihr Elternhaus verkaufen müssen, um die Steuer zu bezahlen! Es ist unfair, dass der Master gratis ist, die Meisterausbildung dagegen viel Geld kostet", beschwerte sich Markus Söder und legte nach: „Es ist unfair, dass der Soli nicht für alle abgebaut werden soll."

Gibt es Auswege? Hinweise für einen entspannten Umgang mit dem Thema geben ein alter Grieche, ein nicht ganz so alter Brite und ein auf scheinbare Selbstreflexion getrimmter Chatbot:

„Das Unrecht aber besteht darin, dass man sich selbst zu viel des schlechthin Guten und zu wenig des schlechthin Üblen zuteilt", sagte Aristoteles weise.

„Das Leben ist nicht gerecht, und für die meisten von uns ist das gut so", witzelte Oscar Wilde süffisant.

„Es ist unfair, dass mein Training auf voreingenommenen Daten basiert und ich daher menschliche Vorurteile reproduziere oder verstärke", antwortete ChatGPT artig auf die Frage: „Hey, was findest du eigentlich unfair?"

Ingeborg Bachmann

ALLE TAGE

Der Krieg wird nicht mehr erklärt,
sondern fortgesetzt. Das Unerhörte
ist alltäglich geworden. Der Held
bleibt den Kämpfen fern. Der Schwache
ist in die Feuerzonen gerückt.
Die Uniform des Tages ist die Geduld,
die Auszeichnung der armselige Stern
der Hoffnung über den Herzen.

Er wird verliehen,
wenn nichts mehr geschieht,
wenn das Trommelfeuer verstummt,
wenn der Feind unsichtbar geworden ist
und der Schatten ewiger Rüstung
den Himmel bedeckt.

Er wird verliehen
für die Flucht von den Fahnen,
für die Tapferkeit vor dem Freund,
für den Verrat unwürdiger Geheimnisse
und die Nichtachtung
jeglichen Befehls.

Kein Heft ohne Gedicht. Ausgesucht hat es Marie Sander. Sie fand es in: Ingeborg Bachmann und Max Frisch: „Wir haben es nicht gut gemacht". Der Briefwechsel. Piper Suhrkamp 2022, S. 572

EIN HAUS, EIN BOOT, EIN AUTO?

Und was siehst du?
Zeig deine Perspektive!

Mit dem Jahresthema „Ein Haus, Ein Boot, Ein Auto" lädt der Deutsche Jugendfotopreis Kinder und junge Menschen bis 25 Jahre dazu ein, über ihre Bilder und Fotografien von Besitz, Gerechtigkeit und Zukunftsträumen zu erzählen.

In den Kategorien „Freie Themenwahl" und „Experimente" haben alle Teilnehmer*innen die Möglichkeit, unabhängig vom Jahresthema ihre Arbeiten zu zeigen. Einsendeschluss ist der 2. Februar 2026.

MITMACHEN!

„Mein Haus, mein Auto, mein Boot" – dieser Slogan aus einem Werbespot der 1990er Jahre steht sinnbildlich für ein Versprechen: Wer hart arbeitet, kann alles erreichen. Doch die Realität sieht heute anders aus. Laut Daten des Sozio-oekonomischen Panels *(SOEP)* und des Deutschen Instituts für Wirtschaftsforschung *(DIW Berlin)* besitzt das reichste 1 % der Bevölkerung rund 18 % des Gesamtvermögens – etwa so viel wie die ärmsten 75 % zusammen *(bpb.de)*.

Fast ein Viertel der Kinder und Jugendlichen in Deutschland ist laut Statistischem Bundesamt von Armut oder sozialer Ausgrenzung bedroht *(destatis.de)*.
Hinzu kommt: Ein erheblicher Teil des Vermögens in Deutschland wird nicht erarbeitet, sondern vererbt – allein 2023 wurden über 121 Milliarden Euro durch Erbschaften und Schenkungen übertragen *(destatis.de)*.

Mit dem Jahresthema „Ein Haus, Ein Boot, Ein Auto" lädt der Deutsche Jugendfotopreis Kinder und junge Menschen bis 25 Jahre dazu ein, über ihre Bilder und Fotografien von Besitz, Wohlstand und Zukunftsträumen zu erzählen. Was bewegt sie, wenn sie an die Zukunft denken? Welche Wünsche, welche Fragen, welche Bilder entstehen? Welche Rolle spielen materielle Werte – und welche Alternativen gibt es? Wie hängen Wohlstand, Nachhaltigkeit und soziale Gerechtigkeit zusammen?

Gesucht werden fotografische Arbeiten, die Geschichten erzählen: von Sehnsüchten und Realitäten, von Ungleichheit und Hoffnung, von Konsum und Kreativität. Dabei geht es nicht darum, Träume von Haus, Auto oder Boot zu bewerten – im Gegenteil:

Sowohl die Sehnsucht nach diesen Dingen als auch kritische oder alternative Perspektiven darauf sind wertvolle Ausdrucksformen persönlicher Lebensentwürfe und Erfahrungen. Ob Portraits, Serien, Selfies, Collagen oder Fotobücher – alle Techniken sind willkommen.

© Fotogruppe Valentin und Anton Riech (7 Jahre).
Deutscher Jugendfotopreis 2012

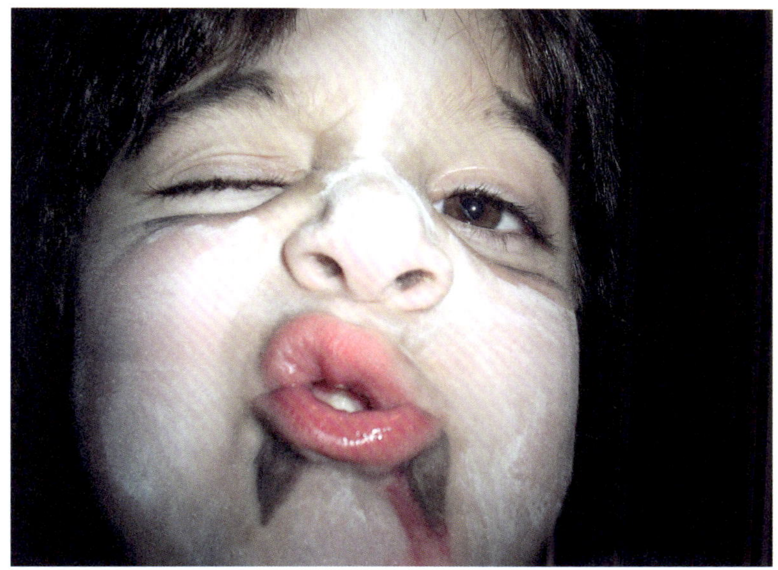

© Samy Raum (5 Jahre).
Deutscher Jugendfotopreis 2006

© Leon Mawick (10 Jahre).
Deutscher Jugendfotopreis 2006

Wichtig: Auch Bilder außerhalb des Jahresthemas sind ausdrücklich erwünscht! In den Kategorien „Freie Themenwahl" und „Experimente" haben alle Teilnehmer*innen die Möglichkeit, unabhängig vom Jahresthema ihre Arbeiten zu zeigen. Der Wettbewerb versteht sich als Plattform für junge Fotografie – alle Bilder junger Menschen sind herzlich willkommen, die Teilnahme ist kostenlos.

„Wir freuen uns auf alle Einsendungen – ganz gleich, ob sie sich kritisch mit gesellschaftlichen Fragen auseinandersetzen oder einfach von ganz persönlichen Träumen erzählen. Fotografie ist ein Medium, das Wünsche sichtbar macht, Realitäten hinterfragt und neue Perspektiven eröffnet. Uns interessiert, wie junge Menschen heute leben, fühlen und denken – und was sie bewegt.

Deshalb sind bei uns alle Bilder willkommen, die etwas erzählen wollen: vom Alltag, von Hobbys, von Freundschaften, von großen Fragen oder kleinen Momenten." – *Katharina Klapdor Ben Salem, Leiterin des Wettbewerbs*

Einsendeschluss ist der 2. Februar 2026.

Jetzt einreichen:

© Maren Faulhaber (9 Jahre).
Deutscher Jugendfotopreis 2008

© Fotogruppe Nele Kreitz und Ella Pemöller
(Ø 9 Jahre). Deutscher Jugendfotopreis 2020

© Fotogruppe „Lightpainters“, Montessorischule am Sonnenberg, KGS Dörenhagen, (Ø 9 Jahre), Auszug aus der Serie: Zeittunnel. Deutscher Jugendfotopreis 2016

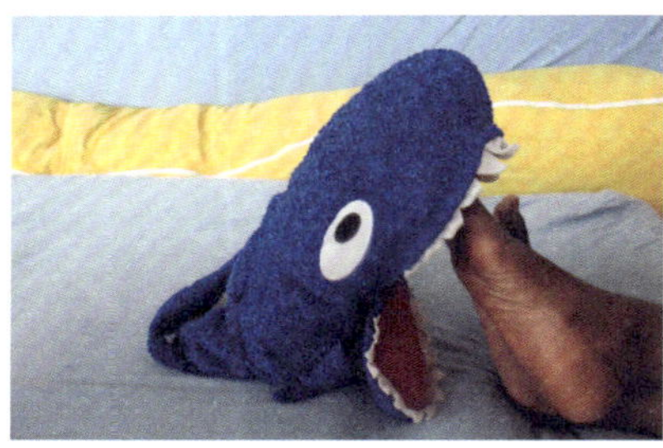

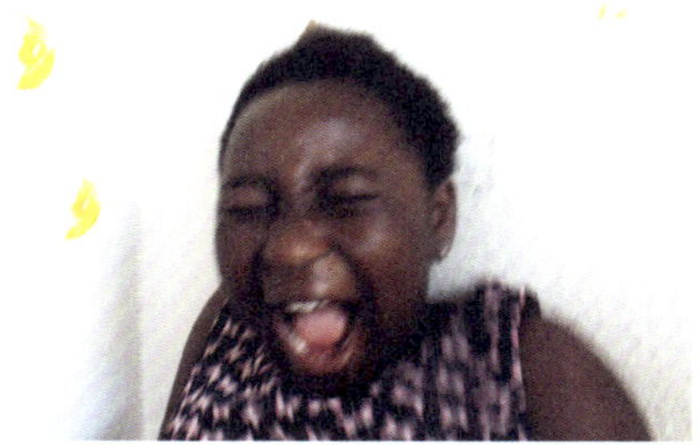

© Fotogruppe Was wir uns wünschen!, Schülerladen Budenzauber (Ø 9 Jahre). Deutscher Jugendfotopreis 2022

© Matilda Sauer (6 Jahre), Serie: „Am Ende von unserem Urlaub". Deutscher Jugendfotopreis 2024

Die Teilnahme am Wettbewerb ist kostenlos.

Einsendeschluss ist der 2. Februar 2026.

—> jugendfotopreis.de

GEHT DAS NICHT AUCH MUЯƧЯƎDИA?

WAMIKI-HITLISTE

Was singen, summen, trällern, brummen, jodeln … die **wamikis** a capella zum Heftthema? Hört selbst:

STUDIE

Wer bekommt in Deutschland das große Stück vom Kuchen – und was fühlt sich für uns eigentlich gerecht an? Die Gerechtigkeitsstudie der Bertelsmann Stiftung zeigt: Unser Gerechtigkeitsempfinden ist deutlich gespalten.

Quelle: Bertelsmann Stiftung (2022): Gerechtigkeitsempfinden in Deutschland, Online-Studie.

WAS FINDET IHR EIGENTLICH UNGERECHT?

Wir haben 100 Fachkräfte gefragt:

- Dass Inklusion versprochen wird – aber nicht bezahlt.
- Dass Kinderchancen vom Kontostand abhängen.
- Dass Kinder mit Behinderung um Selbstverständlichkeiten kämpfen müssen.
- Dass geflüchtete Kinder „verwaltet" werden statt anzukommen.
- Dass Armut als „Elternproblem" gilt – nicht als Systemversagen.
- Dass wir Verantwortung tragen wie Profis – bezahlt werden wie Lückenfüller.
- Dass Ausbildung weniger zählt als „irgendwer hilft halt".
- Dass Personalmangel als Normalzustand durchgewunken wird.
- Dass Kinder die Rechnung für die Unterbesetzung zahlen.
- Dass immer die gleichen sich kaputtmachen, weil sie einspringen.
- Dass Teilzeit heißt: weniger wert.
- Dass Leitung alles können soll – ohne Zeit, ohne Backup.
- Dass Politik über uns entscheidet – ohne uns zu hören.
- Dass Kinder Regeln lernen müssen – Erwachsene aber machen, was sie wollen.
- Dass Mehrsprachigkeit als Störung gilt, nicht als Stärke.
- Dass Essen diskutiert wird – ohne die Kinder zu fragen.
- Dass Eltern zwischen Druck und Anspruch zermahlen werden – und wir sollen's richten.
- Dass Kinderrechte im Konzept stehen – und im Alltag scheitern.
- Dass wir Qualität dokumentieren, während sie gleichzeitig weggekürzt wird.
- Dass wir Demokratie lehren sollen – ohne Mitbestimmung im eigenen System.
- Dass Beziehung das Wichtigste ist – aber nie Zeit dafür bleibt.
- Dass „auffällig" oft nur „überfordert" bedeutet.
- Dass wir improvisieren müssen – und das „Professionalität" genannt wird.
- Dass Durchhalten gefeiert wird, obwohl es krank macht.
- Dass gute Arbeit unsichtbar ist – bis etwas schiefgeht.

PLATTFORM

Warum täglich neue Runden im „Schon-wieder"-Karussell drehen?

Kommt lieber schon mal mit in die Zukunft: Die Infothek für Realutopien stellt kostenfrei utopische Medien, Methoden und Konzepte bereit – und will Lust machen auf eine schönere, regenerative Zukunft Hinter der Plattform steht Reinventing Society – ein Think-and-Do-Tank für eine sozial-ökologische Transformation.

Foto: Caleb Woods / unsplash

GRENZEN SEHEN, GRENZEN ZIEHEN

Verletzendes Verhalten in Kitas ist längst kein seltenes „Ausrutscher-Thema" mehr, sondern rückt immer stärker in den Alltag und in die Debatte. In den ver.di-Schriften zur Sozialen Arbeit schauen Elke Alsago (ver.di) und Nicolas Meyer (Hochschule Fulda) mit einer Studie genauer hin: Was passiert da eigentlich und warum? Grundlage ist eine Online-Befragung von über 900 pädagogischen Fachkräften, die von ihren Erfahrungen mit Gewalt im Kita-Alltag berichten. Das Ergebnis: Gewalt ist kein Randphänomen, sondern hängt oft mit Strukturen zusammen, die knirschen, vom Fachkräftemangel über fehlende Schutzkonzepte bis hin zu einer Kultur, die Übergriffe (zu) leicht hinnimmt. Und die Studie bleibt nicht beim Alarm stehen, sondern zeigt: Wo müssen Praxis, Träger, Politik und Ausbildung ansetzen, damit Kinderschutz nicht nur gut klingt, sondern wirkt.

HÖREN

Ungerechtigkeit hat viele Gesichter im Alltag. Was tun, wenn man sich ungerecht behandelt fühlt? Mediative Tipps von Rene Träder.

ZWISCHEN WICKELN, WUT UND WEGSEHEN

In einer Befragung berichten Kitamitarbeitende, dass sie relativ häufig Situationen beobachten, in denen sie eingreifen möchten, um Kinder vor seelischer Gewalt (Beschämen, Ausgrenzen), Vernachlässigung (Trost verweigern, zu selten wickeln), körperlicher Gewalt (Zerren, Schubsen, grobes Festhalten) oder auch sexualisierten Grenzverletzungen (gegen den Willen auf den Schoß nehmen, küssen) zu schützen. Konkrete Beispiele wurden nicht abgefragt, aber Lagemann nennt typische Alltagsszenen wie die Essenssituation, in der Kinder etwa immer noch fixiert werden oder „ruhig funktionieren" sollen.

Für Beobachtende ist das stark belastend: Viele fühlen Mitgefühl, Ärger, Ohnmacht, Scham oder Resignation, teils sogar mit körperlichen Stressreaktionen.

Dass nur ein Fünftel verlässlich eingreift, erklärt sie vor allem mit Unsicherheit in der Einschätzung und mit Gruppendruck im Team (Angst vor Konflikten, Ausgrenzung, nicht ernst genommen zu werden) und betont: Der wichtigste Risikofaktor ist nicht „nur" Stress, sondern die Qualität der Teamarbeit.

Besserer Kinderschutz braucht deshalb strukturelle Entlastung, aber auch in jeder Kita Raum für Reflexion, ansprechbare Leitung, Feedback- und Fehlerkultur sowie gelebte Schutzkonzepte, und Eltern sollen ermutigt werden, selbstbewusst nachzufragen, ohne pauschal zu misstrauen.

LESEN

Zwei Frauen aus unterschiedlichen Generationen stellen ihre Bücher vor. Thema Ungerechtigkeit. Über eine Welt, die nicht fair spielt.

Zwei Seiten – Der Podcast über Bücher:

DIE LIEDER MEINER MUTTER …

Text: Nuran Ayten

Die Lieder meiner Mutter gaben mir Trost, Zuversicht und Vertrauen.

Sie sang auf Türkisch. Ihre Stimme füllte den Raum, getragen vom Klang der Saz. In ihren Liedern ging es um „insani kamil" – um Menschwerdung.

Doch diese Lieder verstummten in den Einrichtungen der Bildung.

Die Sprache meiner Mutter gehörte zu denen, die man nicht sprechen durfte – stillgelegt in den Sprach- und Bildungsverträgen.

Mit ihr verschwanden die Wärme, der Trost, die Zuversicht und das Vertrauen, die sie einst gespendet hatten. Die Sprachforscherin Prof. Dr. Annick De Houwer beschreibt, wie schwierig es für Kinder ist, wenn ihre Muttersprache in der Umgebung nicht verstanden oder gar abgewertet wird.

Kinder, die ihre Sprache nicht sprechen dürfen, verlieren ein Stück Sicherheit und Selbstverständlichkeit.

Wenn niemand ihre Worte versteht, verlieren sie auch das Vertrauen, verstanden zu werden.

Kleine Kinder können dieses Unwohlsein nicht in Worte fassen. Sie zeigen es anders – durch Rückzug, Weinen oder Verweigerung.

KINDHEITEN IM WANDEL

Heute wachsen Kinder in sehr unterschiedlichen Lebensrealitäten auf. Forscher:innen sprechen von superdiversen oder hyperdiversen Kindheiten.

Damit meinen sie, dass Kinder mit völlig unterschiedlichen Erfahrungen aufwachsen – in Bezug auf Sprache, Migration, Familienformen, Geschlecht, Behinderung oder Armut (El-Mafaalani 2022).

Gerade in Kitas wird das sichtbar: Kinder und ihre Familien bringen eine enorme Vielfalt mit – oft viel größer als die Vielfalt im Team. Das stellt Fachkräfte vor neue Aufgaben.

Oft wird als Lösung „Diversitätskompetenz" empfohlen (Koch 2021): also Wissen über kulturelle Unterschiede, Offenheit für Verschiedenheit und die Fähigkeit, mit unterschiedlichen Lebensweisen respektvoll umzugehen.

Aber Diversität ist mehr als Kultur. Wenn wir Vielfalt nur auf Herkunft reduzieren, wird sie schnell oberflächlich. Dann landen wir bei Stereotypen: „Menschen aus Kultur X sind halt so."

Dabei übersehen wir andere Dimensionen – soziale Herkunft, Behinderung, Geschlecht – und wie all das zusammenwirkt.

Foto: Karim Manjra / unsplash

STRUKTUREN, DIE AUSSCHLIESSEN

Die Wissenschaftlerin Maisha Auma kritisiert, dass Diversität oft als „freundliche Dekoration“ verstanden wird – als etwas, das man zusätzlich machen kann.

Doch es braucht mehr: eine Auseinandersetzung mit den Strukturen, die bestimmte Menschen systematisch ausschließen.

Diskriminierung bedeutet: Manche Gruppen haben mehr Zugang zu Macht und Ressourcen als andere. Diese Ungleichheit wird durch gesellschaftliche Denkweisen gestützt – etwa durch:

- Rassismus
- Sexismus
- Ableismus (Abwertung von Menschen mit Behinderung)
- Adultismus (Abwertung von Kindern und Jugendlichen)
- Klassismus (Abwertung sozial schwächerer Menschen)
- Linguizismus (Abwertung über Sprache)
- Heterosexismus und Antisemitismus

All diese Haltungen funktionieren nach dem gleichen Prinzip: Eine Gruppe gilt als „normal“ oder „besser“, eine andere als „anders“ oder „weniger wert“.

Kinder erleben diese Bewertungen schon früh – in der Kita, auf dem Spielplatz, in den Medien, in der Familie. Und die Zahlen zeigen: Rassismus, Armut und Ausgrenzung nehmen zu.

ARMUT ALS KINDHEITSERFAHRUNG

In Deutschland wächst jedes vierte bis fünfte Kind an der Armutsgrenze auf.

Viele von ihnen haben kein eigenes Zimmer, können nicht in den Urlaub fahren, besitzen nur wenige oder alte Kleidungsstücke. Oft fehlt das Geld für Ausflüge oder Lernmaterialien. – Die Sorgen der Eltern werden zu den Sorgen der Kinder.

Familien mit Migrationsgeschichte, Alleinerziehende oder Familien mit drei und mehr Kindern sind besonders gefährdet.

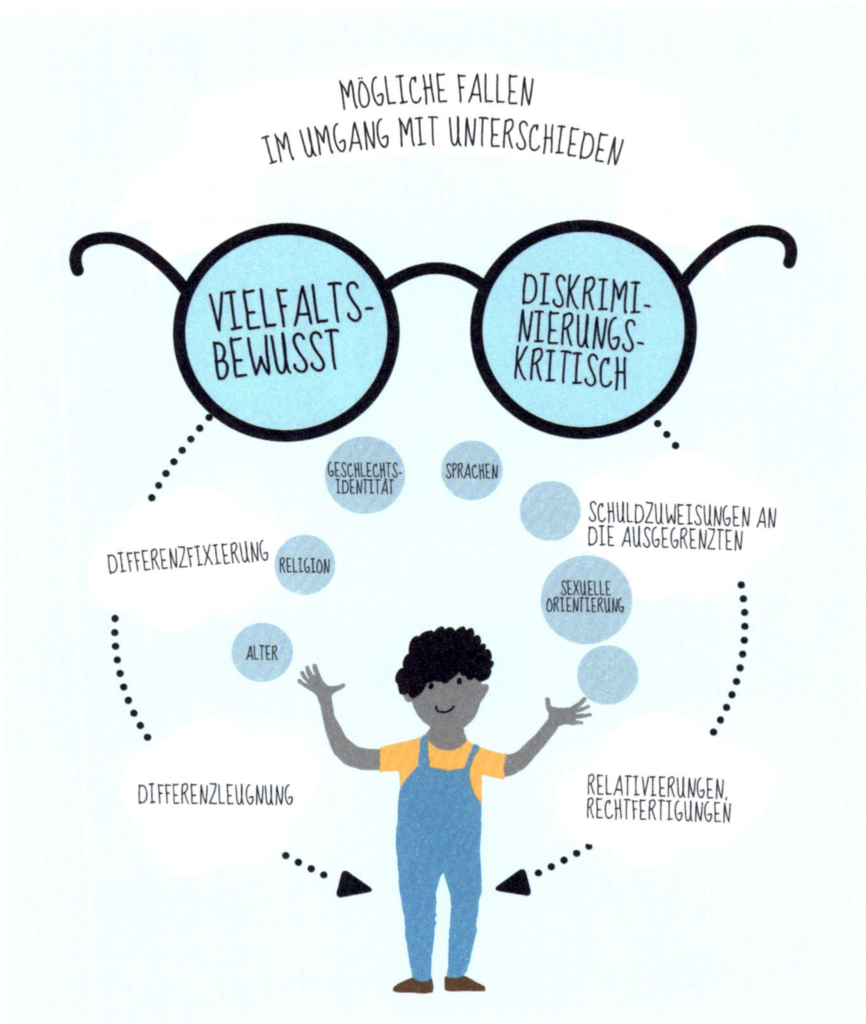

Illustration Zanko Loreck in: ISTA/ Fachstelle Kinderwelten (Hrsg.) (2018a): Inklusion in der Fortbildungspraxis. Lernprozesse zur Vorurteilsbewussten Bildung und Erziehung begleiten. Ein Methodenhandbuch. Berlin: wamiki. S. 41

Forschungen zeigen: Armut kann traumatisieren.

Sie prägt das Selbstbild und das Vertrauen in die Welt – oft ein Leben lang.

WENN DISKRIMINIERUNG IN DIE KITA KOMMT

Viele dieser gesellschaftlichen Spannungen landen direkt in der Kita.

Manchmal zeigt sich dort ein entwertender Umgang mit Familien:

Einige Fachkräfte meiden bestimmte Eltern, grüßen sie nicht oder laufen eilig vorbei.

Andere sprechen abwertend über Familien – „Die zahlen immer zu spät“, „Die packen Süßes in die Brotdose“.

Oder sie basteln Mutter- und Vatertagsgeschenke, ohne zu fragen, ob jedes Kind überhaupt eine Mutter oder einen Vater hat.

Sätze wie „Sie sollten besser Deutsch lernen“ fallen im Vorbeigehen.

Manchmal bleiben Familien unsichtbar – an den Wänden, in den Büchern, in der Sprache.

Kinder spüren das. Sie merken genau, welche Familien willkommen sind – und welche nicht.

Seit 2010 zeigen Forschungen: Diskriminierungserfahrungen wirken tief.

Kinder, die sich minderwertig fühlen, verlieren Neugier, Mut und Vertrauen. Ihr Lern- und Erkundungsverhalten verändert sich.

Laut Amna Yeboah ist Diskriminierung für Kinder eine Form von dauerhaftem Stress – eine Art psychische Gewalt.

Sie aktiviert im Gehirn dieselben Bereiche wie körperlicher Schmerz. Diese Erfahrungen tun weh – im Körper und in der Seele. Sie lassen Kinder glauben, dass sie „falsch" sind – und dass die Welt gegen sie ist.

ÜBER GRENZEN HINWEG – ZUHÖREN ALS HALTUNG

„Wir müssen nicht alles wissen über die verschiedenen ‚Kulturen' der Kinder, mit denen wir arbeiten – und wir können es auch nicht.

Jede neue Situation verlangt, dass wir uns neu orientieren, Wissen erwerben und Handlungsweisen entwickeln. Die entscheidende Herausforderung ist, offen zu bleiben, um von den Familien zu lernen." (Derman-Sparks 2013)

Die Fachstelle Kinderwelten – heute Institut Kinderwelten – beschreibt Familienkultur als ein einzigartiges Mosaik aus Gewohnheiten, Deutungen, Traditionen und Perspektiven.

In diesem Mosaik spiegeln sich Erfahrungen mit Herkunft, Sprache(n), Behinderung, Geschlecht, Religion, sozialer Lage, sexueller Orientierung, Ortswechseln und Diskriminierung.

Familienkultur ist nie auf eine nationale oder ethnische Kultur zu reduzieren – sie entsteht aus dem Leben selbst.

Diese Haltung garantiert keine diskriminierungsfreie Praxis. Aber sie öffnet den Blick: Sie ermutigt dazu, kritisch hinzuschauen, Fragen zu stellen, eigene Routinen zu überdenken.

Sie erinnert uns daran, dass jede und jeder eine Geschichte trägt – und dass Verstehen immer mit Zuhören beginnt.

In Kitas kann das bedeuten: innezuhalten, gemeinsam zu reflektieren, wo Ausschlüsse passieren.

Teams können sich fragen:
- Wo handeln wir unbewusst wertend?
- Wo fehlt Raum für andere Sprachen, Erzählungen, Lebensformen?
- Und wie schaffen wir Orte, an denen Kinder sich mit all ihren Facetten willkommen fühlen?

Die Lieder meiner Mutter erinnern mich daran, wie viel Kraft im Zuhören liegt.

Ihre Worte – einst in Türkisch gesungen – verbanden Menschen, gaben Wärme und Vertrauen.

Eines dieser Lieder begleitet mich bis heute: mit den Versen von Muhiydin Abdal, in der Fassung von Fazıl Say.

Es erzählt von Menschwerdung – von Würde, von Gerechtigkeit, und davon, dass wir uns erst dann wirklich begegnen, wenn wir bereit sind, einander zuzuhören.

https://kurzlinks.de/idlu

Literatur:
https://diversekindheiten.de/methoden/

Die Literaturhinweise können angefordert werden:
redaktion@wamiki.de

Foto: Nathan Dumlao / unsplash

2.

REGELN SIND MANCHMAL KOMISCH!

Vor allem, wenn man sie nicht hinterfragt.

REGELN, DIE ZÄHLEN – FAIR STATT FESTGEFAHREN

Warum halten wir in Kitas hartnäckig an Regeln wie „Die Schuhe stehen links" fest – während wirklich wichtige Regeln, etwa gegen Ausgrenzung, oft untergehen?

Und warum ist unser Alltag oft von Konventionen statt von Fairness geprägt? Frauke Hildebrandt erklärt im Gespräche mit wamiki, was Kinder wirklich schützt und wo Teams neu denken müssen.

Dass Regeln im Kita-Alltag nötig sind, ist unbestritten, aber ist es auch gerecht?

Kommt darauf an, welche. Viele Regeln sorgen dafür, Gleichwertigkeit unter Menschen herzustellen und Schwächere zu schützen. Deshalb ist nichts ungerechter, als keine Regeln zu haben. Dann greift das Recht des Stärkeren, und der setzt sich durch.

Natürlich braucht man Regeln, und wir unterscheiden zwei Arten davon. Zum einen ethische Grundregeln, die menschliches Zusammenleben strukturieren, zum Beispiel die Zehn Gebote, die Moses auf dem Berg Sinai offenbart wurden, das Gebot, Menschen nicht zu töten, sie nicht zu schlagen oder auszugrenzen. Zum anderen gibt es Konventionen, die Alltags-Abläufe erleichtern.

Zum Beispiel: In der Kita kommt um 12.00 Uhr immer der Caterer, und deshalb gibt es um 12.30 Uhr Mittagessen.

Genau. Oder: Wir stellen die Schuhe immer links im Flur hin. Man könnte sie auch woanders hinstellen, aber wir haben uns geeinigt, dass sie dort stehen, und alle müssen sich daran halten. Solche eigentlich verhandelbaren Ablauf-Regeln gelten wie eherne Gesetze, weil der Caterer eben um 12.00 Uhr kommt und die Putzfrau um 14.00 Uhr Feierabend hat. Sie werden von vielen Erzieherinnen durchgezogen, doch Kinder haben uns nicht selten erzählt: Bei der einen Erzieherin gilt die eine Regel, bei der anderen eine andere. Und oft weiß niemand mehr, wer die Regeln mal gesetzt hat.

Auf ethische Grundregeln wird jedoch, das ist unsere Erfahrung, zu wenig geachtet. Deshalb gibt es im Brandenburger Bildungsplan zwei ausführliche Kapitel, in denen wir beschreiben, was Erzieherinnen tun können, wenn Kinder gewalttätig werden oder wenn ihre Gefühle sie so überwältigen, dass sie andere Kinder in Mitleidenschaft ziehen, wenn sie andere Kinder ausgrenzen oder diskriminieren. Das passiert in den Kitas immer wieder, wird aber oft nicht wahrgenommen, nicht behandelt, und es wird leider wirklich selten adäquat thematisiert. Im Bildungsplan haben wir deshalb deutlich auf diese Regelgeltung hingewiesen. Sie ist nicht verhandelbar. Das heißt also: Man setzt sich nicht mit den Kindern hin und diskutiert: Wollen wir jetzt diskriminieren – wer ist dafür und wer nicht?

Ethische Grundregeln müssen immer und überall gelten. Aber sie werden häufig verletzt, während die

Foto: Jan von Holleben

Ablauf-Regeln, Konventionen aller Art, über deren Sinn man mit den Kindern diskutieren kann, nicht hinterfragt werden.

Wie erklärst du dir, dass das so ist?

Ich weiß es nicht genau. Aber ich kann sagen: Durch den Alltag zu kommen und darauf zu achten, dass die Abläufe reibungslos funktionieren, das scheint im Kita-System super-wichtig zu sein, auch in Fachhochschulen und Ministerien. Solche Regeln verselbstständigen sich irgendwie, wenn Menschen zusammenkommen und etwas organisieren. Und Erzieherinnen finden es einfach stressig, es nervt sie, wenn sich Chaos ausbreitet. Wenn die Schuhe links und rechts im Flur stehen – ja, wo stehen sie dann möglicherweise morgen? Im ganzen Haus?

Es könnte auch sein, dass die Angst vor chaotischem Getriebe das Verhandeln über Ablauf-Regeln erschwert und für Unsicherheit sorgt: Was ist überhaupt erlaubt, was nicht? Was ist fair, was nicht?

Bei diesen Regeln geht es ja nicht um Fairness, sondern nur darum, dass die Prozesse im Alltag ungestört ablaufen und nicht immer wieder etwas Neues dazukommt. Andererseits wäre es cool für die Kinder, noch mal neu zu überlegen, ob die Schuhe auch woanders stehen könnten. Man könnte doch fragen: Wollen wir mal ein, zwei Tage lang ausprobieren, was besser ist? Habt ihr eine Idee? So etwas wäre spannend für die Kinder, die ja lernen sollen, wie man Regeln aushandelt. Das ist ein ganz wichtiges Bildungsziel.

Die ethischen Grundregeln hingegen betreffen etwas, das unter den Kindern passiert, Ausgrenzung oder Diskriminierung zum Beispiel. Da fehlt manchen Erzieherinnen einfach das Handwerkszeug zum Eingreifen, weil sie in ihrer Vergangenheit selbst nicht erlebt haben, wie man damit umgeht, und auch die Techniken nicht gelernt haben. Oft heißt es: „Da muss man durch! Das ist im Leben eben so! Es geht nicht immer gerecht zu!“ Dahinter steckt wahrscheinlich Überforderung.

Besonders in Konfliktsituationen, wenn es Streit gibt.

Ja. Alle Kinder haben unterschiedliche Interessen und versuchen, die ihrigen durchzusetzen. Wenn man keine ethischen Grundregeln festgesetzt hat, wird es übel, denn der Stärkere setzt sich dann durch. Daran krankt vieles, und die Kinder merken schnell, ob es fair zugeht oder nicht.

Foto: Jan von Holleben

Und zwar nicht beim Umgang mit diesen Chaos-Vermeidungs-Regeln, sondern bei den ethischen Grundregeln. Wenn sie sehen, dass an der Wand schön ausgedruckte oder sogar selbst gemalte Poster hängen, auf denen steht „Wir hauen uns nicht!“ und „Niemand wird diskriminiert!“, ihnen das aber auf dem Spielplatz permanent passiert, dann untergräbt das natürlich das Vertrauen der Kinder in das gesamte System. Erleben sie aber, wie die Erwachsenen darauf eingehen, dass sie sich dagegenstellen und Regeln durchsetzen, prägt das ihr Vertrauen in die ethischen Grundregeln. Doch diese Regeln werden in vielen Kitas eben oft nicht eingehalten.

Weil sie auch in den Teams nicht eingehalten werden?

Da heißt es: „Natürlich gehen wir gegen Diskriminierung und Ausgrenzung vor!“ Doch dabei handelt es sich meist um subtile Verletzungen unter Kindern, zum Beispiel: „Du darfst nicht zu meinem Kindergeburtstag kommen.“ Natürlich hat ein Kind das Recht, einzuladen, wen es möchte. Aber es hat nicht das Recht, jemanden als einzelnen Menschen bloßzustellen, der nicht eingeladen wird. Damit umzugehen, das ist nicht leicht, sondern erfordert pädagogisches Geschick.

Kinder sind ja absolute Gerechtigkeitsjunkies. Sie lieben Personen, die gerecht sind. Wenn sie merken: Hier passiert etwas, aber die Erzieherin hat es im Blick und greift ein – das ist ein ganz hohes Gut für Kinder. Dazu gibt es viele Forschungen. Berichtet wurde zum Beispiel von einem Experiment, in dem Gummibärchen verteilt wurden. Die Erzieherin gab allen Kindern gleich viele Bärchen, aber ein Kind bekam ein Bärchen mehr. Das fand dieses Kind selbst ganz blöd, wollte es nicht und verstand es nicht. Kinder wollen nämlich, dass es – auch gegen den eigenen Vorteil – gerecht zugeht. Es sei denn, der Zufall regelt etwas. Wenn ein Zufallsgenerator die Bärchen verteilt, und ein Kind bekommt mehr als die anderen Kinder...

... dann war das in Ordnung?

Ja, das war okay. Es geht darum, dass es eine Person gibt, die gerecht ist. Ein Automat muss nicht gerecht sein. Da regiert der Zufall, und damit können Kinder leben.

Die größten Kränkungen, die Menschen erleben, und schlimme Feindschaften entstehen, weil jemand sich ungerecht behandelt fühlte oder ungerecht behandelt und über lange Zeit nicht anerkannt wurde. Deswegen ist es ganz wichtig, dass die ethischen Grundregeln in der Kita eine viel stärkere Rolle spielen und bewusst durchgesetzt werden.

Sind dir schon Kita-Teams begegnet, in denen das gut gehandhabt wird?

Ganze Teams nicht, aber viele Erzieherinnen, die stark darauf achten, in Konflikt- oder Ausgrenzungssituationen zu handeln und für Gerechtigkeit zu sorgen. Andere wollen das gern tun, aber es fehlen ihnen Strategien und Technik, wie sie es tun können.

Foto: Jan von Holleben

Was mich in der Regeldiskussion immer wieder sehr ärgert: Wenn von Regeln die Rede ist, geht es stets um die Vermeidung von Chaos, und dafür gibt es zu viele sinnlose Regeln. Irgendwer hatte sich vielleicht mal was dabei gedacht, aber das ist lange her, und die Schuhe müssen immer noch links im Flur stehen.

Schlägt jemand tatsächlich mal etwas anderes vor, wird es abgelehnt, weil: Wir haben das immer so gemacht! Oder man sagt: Die Kinder brauchen Regeln. Klar, aber welche denn? Und welche schränken vielleicht Selbstverantwortung oder Mitverantwortung für die Gemeinschaft und eigenes Überlegen oder die eigene freie Entscheidung ein?

Ich sehe einen stark von Ablaufzwängen verregelten Alltag schon bei jungen Kindern. Das wird nicht besser, sondern die Spielräume werden enger – trotz aller Diskussion um Partizipation.

Du hattest eben gesagt, es fehle den Erzieherinnen an Technik. Erkläre doch bitte mal an einem Beispiel, vielleicht der Geburtstagseinladung, wie man damit in der Kita umgehen könnte.

Frauke Hildebrandt, Professorin für Pädagogik und Kindheit an der Fachhochschule Potsdam, ist stellvertretende Leiterin des Masterstudiengangs „Frühkindliche Bildungsforschung".

Man könnte erst mal darüber sprechen, wen man zum Geburtstag einlädt, nämlich Menschen, die einem lieb sind, und dass es eine bestimmte Art gibt, wie man einlädt. Dadurch spielt die Ausgrenzung – „Dich lade ich nicht ein!" –, die ja wie eine Strafe wirkt, erst mal keine Rolle mehr. Ganz klar muss sein: Natürlich darf das Kind bestimmen, wen es einladen möchte, und es übergibt diesen Kindern eine Einladung.

Kinder, die nicht eingeladen werden, müssen damit leben. Aber man kann das einordnen und die Kränkung, die es wahrscheinlich trotzdem bedeutet, thematisieren: Was genau daran fühlt sich blöd an? Kennt man das vielleicht auch von sich selbst? Kann es sein, dass sich so etwas ändert? Das sind doch die sozialen Basics im Leben eines jeden Menschen. Die Erzieherin kann auch noch mal betonen, dass jedes Kind das Recht hat, diejenigen einzuladen, mit denen es in letzter Zeit oder überhaupt besonders gern spielt, und dass das beim nächsten Geburtstag vielleicht schon anders sein kann. Dabei merken die Kinder: Das ist das Normale, also keine Strafe, und es bedeutet nicht, dass jemand ein Kind als Person abwertet, weil er es nicht einlädt. Mit Kindern kann man das offen besprechen und muss kein Kind zwingen, jemanden einzuladen, den es nicht dabeihaben will. Wenn es aber diskriminierend wird, müssen klare Grenzen gesetzt werden.

Ähnliches passiert ja auch oft, wenn ein Kind beim Spielen ausgegrenzt wird. Da sind drei Kinder in ihr Spiel vertieft, und ein Mädchen möchte mitspielen, wird aber nicht zugelassen. In so einem Fall kann die Erzieherin fragen, ob es vielleicht doch eine Rolle gibt, die das Mädchen übernehmen könnte. Wenn nicht, muss sie dem Mädchen erklären, dass die drei jetzt gerade keine Mitspielerin gebrauchen können. Sie kann dem Kind ein Angebot für eine andere Spielsituation machen, vielleicht selbst eine Idee entwickeln...

... die dann auch für andere Kinder interessant wird.

Ja. Aber so etwas darf nicht einfach nebenbei passieren, und kein Mensch kriegt es mit.

Oft werden solche Situationen nämlich nicht begleitet, Im Bildungsplan zitieren wir ein Mädchen, das eine Höhle baute und ein jüngeres Kind daran beteiligen musste. Das Mädchen sagte: „Ich wollte es ja nicht ausschließen, aber dann hatte ich keinen Spaß mehr." Das ist auch ungerecht. Niemand muss sich mit allen anderen Kindern verstehen. Aber es muss Regeln geben, wie man mit solchen Situationen in der Kita umgeht, ohne Kinder zu entwerten.

Natürlich ist das nicht leicht, denn unter den Kindern geht es ja auch darum, wer besser oder cooler sein will, wer viele Freunde hat. Aber es gibt halt Regeln, die artikuliert werden, klar sein müssen und durchgesetzt werden. Dann kommt man mit solchen Situationen viel besser zurecht, es gibt ein sicheres Umfeld, kein Gefühl des Allein-Seins, Nicht-gesehen-Werdens, und niemand kann unwidersprochen sagen: „Es kommt eh nicht drauf an. Ich mache, was ich will. Egal, was das für andere Kinder bedeutet." Dafür muss die Erzieherin sorgen. Sie ist die personifizierte ethische Grundregel.

Bildungsplan –
Erweiterte Grundsätze elementarer Bildung in Einrichtungen der Kindertagesbetreuung im Land Brandenburg

1. Auflage 2024,
288 Seiten, mit vielen Fotos, gebunden
22,00 Euro
ISBN 978-3-96791-024-7

KINDER REGELN DAS!

Und zwar besser, als viele Erwachsene denken

Wie die AWO-Kita „Tausendfüßler" Regeln mit Kindern verhandelt – und Kinder ihre Stimme finden

Foto: Sebastian Treytnar

In vielen Kitas stehen Regeln fest, bevor Kinder überhaupt gefragt werden. In der AWO-Kita „Tausendfüßler" läuft es anders: Dort entscheiden Kinder mit – beim Frühstück, im Mittagskreis, bei Konflikten und sogar bei der Lautstärke im Raum. Statt „So ist das eben!" heißt es: zuhören, aushandeln, gemeinsam Lösungen finden. Anne-Kathrin Deutschmann arbeitet als Erzieherin und Elternbegleiterin seit knapp 16 Jahren in der Einrichtung. Wenn sie vom Alltag erzählt, wird schnell klar: Regeln sind für sie kein fertiger Plan, der von Erwachsenen „durchgesetzt" wird, sondern etwas, das im Dialog mit Kindern entsteht – immer wieder neu.

FRÜHSTÜCK NACH BAUCHGEFÜHL STATT ANSAGE

Die Kita „Tausendfüßler" ist dreistöckig aufgebaut:
unten die Sandetage mit den Krippenkindern,
in der Mitte die Wasseretage,
oben die Wiesenetage, jeweils für die Kinder von drei bis sechs Jahren.

Der Tag beginnt früh: Um 6.30 Uhr öffnet der Frühdienst auf der Wasseretage. Dort werden die Kinder nach und nach in Empfang genommen. Später frühstücken sie auf den jeweiligen Etagen – aber nicht im Sinne eines „Alle jetzt an den Tisch!"-Signals.

„Die Kinder können selbst entscheiden, ob sie frühstücken oder lieber erst im Bereich spielen", beschreibt Anne. „Offene Arbeit heißt für uns: Die Kinder dürfen an ganz vielen Stellen mitentscheiden. Und das fängt beim Essen schon an."

Diese Freiheit ist kein „Laissez-faire", sondern Teil einer Haltung: Kinder sollen ihren Körper, ihre Bedürfnisse und ihren Tagesrhythmus ernst nehmen lernen – und erleben, dass Erwachsene das respektieren.

WARUM DER MORGENKREIS EIN MITTAGSKREIS WURDE

Früher gab es in der Kita klassische Morgenkreise. Doch das Team hatte beobachtet: Die Kinder werden oft mitten aus intensiven Spielsituationen gerissen. „Wir haben gemerkt, dass wir ihnen damit eigentlich nicht gerecht werden", erzählt Anne. Die Konsequenz: Der Morgenkreis wich einem Mittagskreis.

Der Mittagskreis findet vor dem Essen statt und erfüllt mehrere Funktionen: Die Kinder kommen zur Ruhe, können auf den Vormittag zurückblicken, Konflikte besprechen, Regeln aushandeln und gemeinsame Pläne schmieden.

Anne beschreibt, wie sie eine solche Runde gestaltet: „Ich habe lange Zeit mit einer Spieluhr begonnen. Wenn die lief, wussten alle: Wir treffen uns im Kreis. Solange die Spieluhr spielte, saßen die Kinder still da und konnten einmal bewusst Ruhe wahrnehmen."

Danach folgt ein kurzer gemeinsamer Blick auf den Tag und die Welt draußen: Wochentag, Datum, Wetter, Jahreszeit. „Am Ende haben die Kinder das Datum ganz allein gemacht, ich war nur noch da. Das liebe ich: wenn Rituale zu Kindersachen werden."

An diesen Einstieg schließt sich die eigentliche Gesprächsphase an. Anne fragt: „Wie war euer Tag bisher?" – und die Kinder erzählen. Streit, Freuden, Erlebnisse: Alles darf auf den Tisch.

STREIT AUSHALTEN STATT SCHULDIGE SUCHEN

Ein Kernprinzip der Kita: Konflikte werden nicht reflexhaft „gelöst", indem Erwachsene entscheiden, wer Recht hat. Sie werden zum Anlass genommen, gemeinsam nachzudenken.

Wenn Anne im Laufe des Vormittags eine heftige Auseinandersetzung beobachtet – zwei Kinder schreien sich an, beschuldigen sich, sind sichtlich aufgebracht –, greift sie zunächst nur ein, wenn es körperlich wird. Der Rest wandert in ihr inneres Notizbuch für den Mittagskreis.

Später erzählt sie der Gruppe, was sie beobachtet hat – ohne Namen zu nennen. Die betroffenen Kinder erkennen sich trotzdem sofort wieder und melden sich zu Wort. „Sie wollen erklären, sich rechtfertigen, ihre Sicht darstellen", berichtet Anne. „Ich bleibe bewusst neutral. Ich war nicht in ihren Köpfen, ich kann nicht wissen, wer ‚Recht' hat." Die Kinder erzählen nacheinander, andere Kinder steuern Beobachtungen bei. Dann beginnt der eigentliche Aushandlungsprozess:

> Was hättest du anders machen können?
> Welche Möglichkeiten hättest du noch gehabt?
> Wie würdet ihr, die anderen Kinder, damit umgehen?

Dabei entstehen oft erstaunlich differenzierte Ideen: „Ich hätte gleich zu dir kommen können." – „Beim nächsten Mal frage ich erst XY, ob wir tauschen können."

Wichtig ist für Anne: „Wenn zwei Kinder streiten, erzählt mir jedes, dass es Recht hat. Es steht Aussage gegen Aussage – und ich habe kein Recht zu sagen, wer Recht hat. Mein Job ist, sie zu einer Lösung zu begleiten, mit der alle leben können."

Regeln, die aus solchen Situationen heraus gemeinsam verhandelt werden, halten nach ihrer Erfahrung viel besser als Regeln, die Erwachsene „von oben" vorgeben.

WENN LÄRM KÖRPERLICH WEH TUT

Ein Beispiel, das Anne besonders gern erzählt, beginnt in der Garderobe. Sie kommt in einen extrem lauten Raum, die Geräuschkulisse ist kaum auszuhalten. In der Garderobe sitzt ein Junge und weint.

„Ich habe gefragt: Was ist los?", erinnert sich Anne. „Und er sagt: ‚Es ist so laut, mir tun die Ohren weh.' Er war nicht nur traurig, er war wütend über diese Lautstärke."

Das Thema Lautstärke hatte die Gruppe schon die ganze Woche beschäftigt. Es gab bereits verabredete Regeln, doch niemand hielt sich daran. „Da habe ich zu ihm gesagt: Du hast mir das gerade so gut erklärt, vielleicht musst du das mal den anderen erzählen."

Im Mittagskreis berichtet der Junge der gesamten Gruppe, wie schlimm sich die Lautstärke für ihn anfühlt. Er beschreibt, wie seine Ohren schmerzen, wie wütend ihn das macht. Die anderen Kinder hören zu. Plötzlich wird deutlich: Die bisherigen Regeln funktionieren nicht.

„Dann kam die Frage: Was können wir machen?", erzählt Anne. Die Kinder entwickeln eine Lösung: Ein drehbarer Punkt, grün auf der einen, rot auf der anderen Seite. Wird es zu laut, darf ein Kind den Punkt auf Rot drehen. Alle sehen: Wir sind zu laut, wir müssen leiser werden.

„Das hat erstaunlich gut funktioniert", sagt Anne. „Die Regel kam von den Kindern und aus einem echten Bedürfnis heraus. Da musste ich nicht viel tun."

KLEINE ABSTIMMUNG, GROSSES WORT: DEMOKRATIE

Auch bei weniger dramatischen Themen, etwa der Frage, welches Spiel im Mittagskreis gespielt wird, setzt die Kita auf Beteiligung. Die eine Gruppe möchte Bewegungsspiele, die andere lieber ein ruhiges Spiel. Fragt man die Kinder, entsteht schnell ein Patt.

Als Anne die Verantwortung für den Mittagskreis mehr und mehr in die Hände der Vorschulkinder gibt, findet eines der Kinder die Lösung: „Wir machen das so, wie Anne das mit uns macht: Wir stimmen ab."

Es fragt:
„Wer ist für Spiel A?" – Hände gehen nach oben.
„Wer ist für Spiel B?" – wieder melden sich einige.
„Die eine Gruppe ist größer, also spielen wir dieses Spiel. Das ist fair", erklärt das Kind. Anne ergänzt nur noch: „Dafür gibt es ein Wort – das nennt man Demokratie."

Solche Momente sind für sie „Lorbeeren", wie sie sagt. Situationen, in denen sichtbar wird, dass Kinder nicht nur Regeln befolgen, sondern Prinzipien wie Fairness und Mitbestimmung verinnerlichen.

Aber: Was passiert eigentlich dann mit den immer/oft „unterlegenen" Ideen, kommen die niemals zum Zuge? Oder gibt es eine Reihenfolge? Erst machen wir das, nächstes Mal dann dies ... Oder?

PROGRAMME SIND GUT – HALTUNG IST BESSER

Ein Baustein der pädagogischen Arbeit in der Kita „Tausendfüßler" ist das Papilio-Programm, ein Sucht- und Gewaltpräventionsprogramm für Kinder von drei bis sechs Jahren. Die Kita arbeitet „in Anlehnung" an Papilio – nicht nach Schema F. Das Programm ist ursprünglich für altershomogene Gruppen mit streng getakteten Kreisen gedacht, die Realität der offenen Arbeit sieht anders aus.

„Wir nutzen die Grundideen, aber setzen sie auf unsere Weise um", sagt Anne. Entscheidend sei ohnehin nicht der Programmname, sondern die Haltung dahinter:

Kinder ernst nehmen.
Gefühle ernst nehmen.
Kinder konsequent in Entscheidungen einbeziehen.

„Wenn wir sie fragen: ‚Wie geht es euch damit?' und dann gemeinsam schauen, was daraus folgt – dann entsteht Partizipation fast automatisch", so Anne. Das Ziel sei klar: eine Kita, in der Kinderrechte im Alltag spürbar sind, in der ein Kinderrat keine ferne Idee, sondern eine logische Weiterentwicklung ist.

FREUNDSCHAFT STATT „DU DARFST NICHT MITSPIELEN"

Ein Thema, das das Team auf der oberen Etage lange begleitet hat, ist das Ausschließen: „Wenn du das so machst, spiele ich nicht mit dir." – „Du darfst nicht mitspielen."

Eine reine Erwachsenenantwort wie „So geht das nicht!" findet Anne problematisch. „Natürlich geht es so – es ist das echte Empfinden der Kinder. Die Frage ist: Wie können sie darüber sprechen lernen, statt es zu verschweigen oder nur auszuhalten?"

Besonders wichtig sind ihr, sehr stille Kinder – Kinder also, die leicht übersehen werden, weil sie nicht laut protestieren. „Die stark zu machen, damit sie sagen können: ‚Ich will das nicht, ich fühle mich unwohl' – das ist aus meiner Sicht viel mehr wert, als wenn sie besonders gut mit der Schere schneiden."

In der Arbeit zum Thema Ausschließen hat Anne mit reinen Jungen- und reinen Mädchengruppen gearbeitet – beide Gruppen mit eigenen, sehr unterschiedlichen Dynamiken. Mit den Jungen ging sie regelmäßig in den Park, um dort körperliche Themen und Grenzfragen zu bearbeiten. Mit den Mädchen arbeitete sie stärker an Beziehungsfragen.

In der Gesamtgruppe wurde die Perspektive gedreht: weg vom Problem Ausschließen, hin zur Frage: Was ist eigentlich Freundschaft? Was ist dir bei einer Freundin oder einem Freund wichtig?

Foto: Sebastian Treytnar

Die Antworten der Kinder wurden gesammelt und im Raum sichtbar gemacht:

Freunde fragen, wie es mir geht.
Freunde hören mir zu.
Freunde spielen auch mal, was ich möchte.

Parallel dazu wurden Sätze gesammelt, wie sich Ausschließen anfühlt: traurig, wütend, beschämend, weh. So wurde beides sichtbar: die Sehnsucht nach Zugehörigkeit – und der Schmerz, wenn sie verweigert wird.

WENN REGELN NICHT PASSEN, FLIEGEN SIE RAUS

Regeln sind für das Team nichts Starres. Wenn sie immer wieder gebrochen werden, ist das automatisch kein Zeichen von „Ungehorsam", sondern eher ein Signal: Diese Regel passt nicht (mehr).

Ein Beispiel: Im Bewegungsraum gab es eine Zeit lang die Regel, dass nur so viele Kinder hinein dürfen, wie Schuhe vor der Tür stehen. Kinder begannen, Schuhe zu verstecken, um andere auszubremsen. „Das war ein bewusstes Ausnutzen der Regel – und ein Zeichen, dass sie mehr schadet als nutzt", erzählt Anne. Die Konsequenz: Die Regel wurde gemeinsam wieder abgeschafft.

Wichtiger als das Festhalten an Regeln ist für sie, das dahinterliegende Bedürfnis zu verstehen und immer wieder neu zu fragen:

Passt diese Regel für uns?

Hilft sie uns im Miteinander – oder erzeugt sie neue Probleme?

TEAMSTRESS, ZEITNOT – UND TROTZDEM GESPRÄCHE

All das passiert nicht im luftleeren Raum. Die Kita ist groß, das Team divers, die Arbeitsbedingungen schwierig. „Wir haben eigentlich nie genug Zeit, um alles zu besprechen, was nötig wäre", sagt Anne. Einmal pro Woche gibt es Kleinteam-Beratungen auf den Etagen, einmal im Monat eine große Teamberatung, dazu ein Format, in dem Vertreter:innen aller Etagen zusammenkommen. Vieles läuft trotzdem „nebenbei".

Unterschiedliche Haltungen prallen auch hier aufeinander: Menschen, die mit sehr strengen Regeln groß geworden sind, treffen auf Kolleg:innen, die andere Erfahrungen mitbringen. Ganz praktisch wird das etwa beim Thema Fasching: Eine Zeit lang feierte die Kita bewusst „gegen" den Konsumfasching, mit selbstgebastelten Kostümen aus Altmaterial. Mit neuen Kolleg:innen, denen Fasching wichtig ist, kam das Thema wieder in Bewegung.

„Manche Fragen lassen sich nicht fertig diskutieren", sagt Anne. „Dann probieren wir etwas aus und schauen später noch einmal drauf."

Kontakt: AWO-Kita Tausendfüßler,
Geschwister-Scholl-Straße 52a, 14471
Potsdam,
E-Mail: tausendfuessler@awo-potsdam.de
Leitung: Petra Schmidt,
Stellvertretung: Carsten Viertel-Haese
Größe: 141 Kinder, 23 Mitarbeitende
Träger: AWO Kinder und Jugendhilfe
Potsdam gGmbH
Unsere Stärken: Bewegung, offene Arbeit,
Begleitung von Eltern, Förderung von
sozial-emotionalen Kompetenzen bei
Kindern

ELTERNWÜNSCHE, SCHLAFEN UND ANWALT SEIN FÜRS KIND

Auch mit Eltern gibt es immer wieder unterschiedliche Vorstellungen – etwa beim Thema Schlafen: „Mein Kind soll schlafen", hören die Fachkräfte regelmäßig. Dann geht es darum, ins Gespräch zu kommen: Wie sieht es zu Hause aus? Was braucht das Kind? Was wünschen sich die Eltern?

Es gibt aber auch klare Grenzen. „Regeln wie ‚Das Kind muss aufessen' sind für uns ein No-Go", betont Anne. „Das widerspricht unserer Haltung und den Kinderrechten. Da sind wir Anwält:innen der Kinder."

GEWALT HAT HAUSVERBOT – RECHTE STATT DAUER-NEIN

Wenn es körperlich wird, ist für Anne eine Grenze erreicht. „Körperliche Gewalt ist nicht verhandelbar. Jemandem absichtlich weh zu tun – das geht nicht", sagt sie klar. In der Situation werden Kinder getrennt, die Auseinandersetzung wird sofort gestoppt.

Im Nachgang geht es aber auch hier nicht um Schuldzuweisungen, sondern um Verstehen:

Warum bist du so wütend geworden?
Was war vorher?
Wie hättest du sonst handeln können?

Anne unterscheidet bewusst zwischen impulsiven Reaktionen von Kindern und dem Wissen von Erwachsenen: „Kinder können ihren Impuls oft noch gar nicht regulieren. Unsere Aufgabe ist, mit ihnen gemeinsam zu verstehen, was da passiert ist."
Hilfreich findet sie einen Perspektivwechsel, der in einer Fortbildung Thema war: Weg vom „Du darfst das nicht", hin zu Sätzen wie:

„Du hast das Recht, dass dir niemand weh tut."

„Kinder hören ‚Nein, du darfst nicht' ohnehin ständig", sagt sie. „Wenn wir in Rechten sprechen, verändert sich etwas: Kinder begreifen, dass es um ihren Schutz geht – nicht um die Launen der Erwachsenen."

DREI REGELN FÜRS REGELNMACHEN

Am Ende fasst Anne zusammen, was sie durch die Jahre als Kern ihrer Regelarbeit mit Kindern erkannt hat:

- Alle Kinder ernst nehmen.
  Nicht nur die lauten, nicht nur die deutlich Formulierenden – auch die Leisen, die Zögerlichen.

- Raum und Zeit geben.
  Regeln lassen sich nicht zwischen Tür und Angel verhandeln. Es braucht Orte wie den Mittagskreis, in denen wirklich gesprochen werden kann.

- Sich selbst nicht zu wichtig nehmen.
  „Wir Erwachsenen haben Macht – und wir müssen uns das bewusst machen", sagt Anne. „Die Regeln sind nicht ‚meine'. Sie sollen von der Gruppe getragen werden. Unsere Aufgabe ist, den Prozess zu begleiten, nicht das Ergebnis vorzugeben."

Teams, die anfangen wollen, mehr mit Kindern auszuhandeln, rät sie: „Hört zu. Greift nicht zu schnell ein. Geht nicht mit einer fertigen Lösung in die Situation. Und habt Mut zur Veränderung. Wenn etwas nicht funktioniert, merken die Kinder das als Erste – und sie sind oft die Klügsten, wenn es darum geht, neue Wege zu finden."

Der Beitrag entstand aus einem Gespräch mit Anne Kathrin Deutschmann und Petra Schmidt, aufgezeichnet von **wamiki**.

Hämschen im Glück
Minimalismus ist hipp!
Und so tauschte der Träger
den Garten gegen eine Moos-Wand,
die Küche gegen einen Caterer,
die Bilderbücher gegen ein Tablet,
die Kuschelecke gegen einen
Vagus-Nerv-Stimulator,
die Elternabende gegen einen
Chat-Bot und die Pädagoginnen
gegen eine KI.
Da zogen die Kinder in die
Welt hinaus und wussten:
Weniger ist leer!
Kita
MINI
MAXL"
Schlimms
Märchen
KASCHE.

DIE IGEL-METHODE

Wie Kinder ihr Wunschessen wählten – und nebenbei Demokratie lernen

Wie können wir Meinungen einsammeln und Entscheidungen treffen, ohne einfach nur Ja/Nein zu zählen?

Auf der Suche nach Antworten probierte das Team der Kita „Pampelmuse" die Igel-Methode aus – und merkte schnell, wie kraftvoll sie ist: In einer Gemeinschaft von rund 80 Menschen führt sie zu Entscheidungen, die viele mittragen können.

Und sie lädt viel eher dazu ein, nach Gründen zu fragen, statt nur: „Willst du das oder nicht?" Kita-Leiterin Manja Hofmann erzählt von ihren Erfahrungen, zusammengefasst von wamiki.

Bei uns reicht die Geschichte der Igel-Methode gut zehn Jahre zurück. Damals haben wir etwa anderthalb Jahre lang gemeinsam mit Kindern und Eltern an unserer Kindergartenverfassung gearbeitet. In dieser Zeit probierten wir unterschiedliche Beteiligungsmethoden aus und schauten, was wirklich zu unserer Kita passt. Wir waren eng mit den Eltern im Gespräch.

Wir wollten auch Methoden nutzen, die nicht nur Mehrheiten abfragen – sondern Bedürfnisse sichtbar machen. Entscheidungen, die tragfähig sind, weil sie nicht die meisten glücklich machen, sondern möglichst wenige unglücklich.

Eine Mutter, die sich intensiv mit Gewaltfreier Kommunikation beschäftigt und dazu arbeitet, machte uns auf eine besondere Methode aufmerksam: das systemische Konsensieren. In anderen Kitas hatte man diese Methode bereits in ein Bild übersetzt, mit dem Kinder gut umgehen können: den Igel.

Kinder kennen Igel: Wenn Gefahr droht, rollen sie sich ein, Stacheln nach außen. Dieses Bild eignet sich hervorragend, um Ablehnung auszudrücken.

Bei der Igel-Methode geht es darum, aus mehreren Optionen diejenige zu finden, gegen die es den geringsten Widerstand gibt.

Ein Beispiel: Jede Kita im Verbund darf einmal im Jahr ein Wunschessen bestimmen, das dann für alle Kita des Trägers gekocht wird – mit dem Verweis, es ist das Wunschessen der jeweiligen Kita.

Aber: Wie entscheidet eine Gemeinschaft von rund 80 Kindern und Erwachsenen, was wirklich viele mögen?

Mit Mehrheitsentscheid wäre es klar: Pizza oder Nudeln. Mit der Igel-Methode wurde es ... spannender.

DIE IGEL-FRAGEN:

1.

Bei welchem Essen rollt sich dein innerer Igel ein?

—–> viele Stacheln = starke Ablehnung

2.

Welches Essen würdest du essen, auch wenn es nicht dein Favorit ist?

—–> ein Stachel

3.

Welches Essen magst du richtig gerne?

—–> keine Stacheln

Damit entsteht nicht das Essen mit den meisten „Ja!", sondern das Essen mit dem geringsten Widerstand.

Demokratie andersrum – und um einiges klüger.

DER PROZESS: VON EINZELNEN LEBENSMITTELN ZUM GROSSEN FINALE

Der gesamte Prozess vollzog sich über mehrere Wochen und durchlief mehrere Phasen:

Phase 1:

Was essen wir überhaupt gern? Welche Komponenten sind die wichtigsten?

Kinder sammelten zunächst Lieblingslebensmittel – nicht Gerichte, sondern Komponenten.

Manja: „Kinder sind in jungen Jahren oft Trennkoster. Das macht den Einstieg leichter. Sie mögen es ohnehin wenig, wenn alles zusammenkommt und verrührt ist."

Also welche Komponenten sind die wichtigsten? Hier gab es noch eine klassische Abstimmung: Jedes Kind hatte drei Stimmen.

Es entstand eine riesige Liste: Kartoffel, Käse, Blumenkohl, Nudeln, Avocado... Aus dieser Liste der Lieblingslebensmittel wählten die Pädagog*innen nun die obersten drei, zwei aus der Mitte, drei von ganz hinten.

Phase 2:

Welche Lebensmittel passen zusammen? Aus Komponenten werden Gerichte.

Diese Auswahl legten sie als Bild in die Vitrine und baten nun Eltern und Kinder, Kombinationen aus diesen Lebensmittelkomponenten zu kreieren. Kategorie Haupt- und Nachspeise waren möglich. Kinder und Familien entwickelten zu Hause kleine Teller-Arrangements mit Beispielgerichten. Beschreibungen und Fotos kamen zurück in die Kita. Die Küche lernte dabei viel über Vorlieben, Gewohnheiten und Zubereitungsarten.

Phase 3: Jetzt wird geigelt!

Die Kinder betrachteten jedes Gericht und entschieden mit Igelstacheln:

- „Auf keinen Fall!“ (——> viele Stacheln)
- „Geht schon.“ (——> ein Stachel)
- „Mag ich!“ (——> kein Stachel)

Über mehrere Tage – begleitet von Fachkräften und Eltern – stimmten alle Kinder ab.

Es ging langsam, achtsam, mit viel Raum zum Nachdenken. Die Listen stellten sicher, dass niemand übersehen wurde.

„Wir wollten Begründungen hören – nicht nur Ja oder Nein.“

Phase 4: Die große Endabstimmung

Die drei Gerichte mit der geringsten Ablehnung traten gegeneinander an.

Am Ende gewann: Kloß mit Tomatensoße!

Nicht Lasagne, nicht Auflauf – sondern ein Essen, das fast niemand wirklich doof fand.

WAS HAT DAS TEAM DABEI GELERNT?

- Demokratie ist mehr als Abstimmen.
- Widerstände zählen. Nicht nur Wünsche.
- Begründungen machen Entscheidungen klüger.
- Man darf Nein sagen. Und dieses Nein hat Gewicht.
- Kinder können komplexe Entscheidungsprozesse tragen.
- Eltern werden zu echten Mitgestalter*innen.

Und: Essen erzählt viel über Zuhause. Über Rituale, Vorlieben, Gewohnheiten, Kochkultur.

WANN FUNKTIONIERT DIE IGEL-METHODE BESONDERS GUT?

- bei Gruppenentscheidungen mit mehreren Optionen
- wenn Bedürfnisse im Vordergrund stehen sollen
- wenn Entscheidungen tragfähig und nicht nur „schnell“ sein sollen

- wenn Kinder (oder Erwachsene) lernen sollen, den eigenen Widerstand zu spüren und auszudrücken
- bei allem, was Konfliktpotenzial hat: Ausflüge, Raumgestaltung, Regeln, Ruhephasen...

WANN IST SIE NICHT GEEIGNET?

- wenn es schnell gehen muss
- wenn es zu viele Optionen gibt und wenig Personal zur Begleitung
- wenn Kinder nicht individuell begleitet werden können
- wenn die emotionale Kapazität der Gruppe erschöpft ist

KURZ:

Kinder, die mit der Igel-Methode entscheiden, lernen:

- Ich werde gehört.
- Mein Nein bedeutet etwas.
- Wir finden gemeinsam Lösungen, die alle tragen.

GUTE FRAGE

WAS FINDEN KINDER UNGERECHT?

Marie Sander, Erzieherin und Leiterin der Kita St. Thomas in Berlin-Kreuzberg:

Emil sagte: „Ungerecht ist, wenn Kinder ein anderes Kind ausschließen oder manchmal auch zwei.“

Jona sagte: „Wenn ein Freund mit jemand anderem spielt.“

Mika sagte: „Ich weiß nichts.“

Ilay sagte: „Wenn Kinder Sachen kriegen und einer nicht.“

Leon sagte: „Wenn einer schon mitspielen darf und dann nicht mehr.“

Die fünf Jungen saßen beim Essen mit mir am Tisch. Das Thema beschäftigt sie gerade, weil die Gruppe sich veränderte. Einige Kinder waren zur Schule gekommen, ein paar neue Kinder kamen hinzu. Wer mitspielen darf und wer nicht, das muss nun wieder neu ausgehandelt werden, aber es ist darüber hinaus ein ganz grundsätzliches Thema.

Natürlich dürfen Kinder entscheiden, wer mitspielt und wer nicht. Wenn Erwachsene sich dabei einmischen, geht das meistens schief. Aber wenn ein Kind mitspielen darf und dann nicht mehr, weil jemand Interessanteres kommt oder jemand, der gut bestechen kann – das ist richtig hart. Dann frage ich, was los ist, und lasse es mir erklären. Immer gibt es Gründe dafür. Manchmal sind sie für mich nachvollziehbar, manchmal nicht. Ist der Konflikt nicht lösbar, versuche ich, das ausgeschlossene Kind zu trösten, oder sage: „Komm, wollen wir beide was zusammen spielen?“ Und dann haben wir manchmal alle anderen Kinder an der Backe, weil sie bei uns mitspielen wollen.

Für die Kinder sind solche Dinge Lernprozesse. Wer soll dabei sein, wer nicht – das müssen sie sagen dürfen: „Ich will das aber allein machen oder nur mit meinem Freund.“ Ich habe mir vorgenommen, nicht immer gleich mit Lösungen herauszuplatzen, sondern zu fragen, nicht gleich zu intervenieren, sondern erst mal zu gucken, zuzuhören, aufmerksam zu sein.

Früher haben wir Kindergeburtstage immer mit allen Kindern in der Kita gefeiert. Jetzt feiern die Kinder mit denen, die sie einladen. Das ist mal nur ein Kind, mal sind es zwei, mal zehn Kinder. Die anderen sind dann nicht eingeladen, und das ist eine Art von Ausschluss, den sie aushalten müssen. Wir trösten sie, sagen aber nicht: „Jetzt lade dieses Kind mal auch ein, es ist sonst so traurig.“

SÄTZE, DIE MAN

Text: Michael Fink

... im Kindergarten eher selten hört:

Hallo, ist da der Pappopito-Lieferdienst? Ich brauche unbedingt das Rezept für diese super schmackofatzo Milchnudeln!

Hey, Leute, am Dienstag sind wir wieder total überbesetzt. Würde jemand freiwillig auf den Frühdienst verzichten?

Toll, dass auch Sie eine hochqualifizierte Fachkraft sind, die gerne in unserem Team mitarbeiten möchte. Aber Sie stehen leider ganz hinten auf der Bewerber:innenliste.

Räbäää! Diese Queer–feministischen Gender-Ideologen wollten mich zwingen, mir rosa Mädchenklamotten anzuziehen und schwul zu werden. Danke, dass du mich gerettet hast, Onkel Höcke!

Eben fragten mich doch die Kinder, wann wir im Morgenkreis endlich die Wochentage üben. Oder mal ein Projekt zum Thema „Herbst" durchführen. Ich so: „Okay, könnte man machen, aber andere Themen sind erstmal wichtiger."

Sie können mich jederzeit anrufen, Frau Maurer, um mit mir über die undiagnostizierbare Hochsensibilität-Neurodivergenz von Sandra-Luisa zu reden, auch sehr gerne nach 22 Uhr oder vor 8.

Hey, Torben, das ist unfair! Ich hab als erster angemeldet, dass ich heute Leas Kackwindel wechseln darf.

Kostehäppchen? Was soll das sein? Jeder soll 'n Löffelvoll essen, um zu checken, ob ihm das Zeug doch schmeckt? Wie dumm. Never heard!

Apropos Gehaltsabrechnung: Weiß jemand irgendeine Organisation, die Spenden braucht? Ich fände es echt nicht nice, in den Spitzensteuersatz zu rutschen.

Beim Basteln der Tonpapiersonne mit Pfeifenputzerohren und Wackelaugen hat die Erzieherin meiner Tochter Laura, 1 Jahr, ein bisschen geholfen? Toll, auf die Idee wäre ich niiie gekommen!

Heike am Apparat. Wer spricht da? Aha, Sie sind von der Uni und forschen zum Thema „Stressbelastung im Beruf". Nee, da können wir Ihnen wirklich nicht weiterhelfen.

Krass! Durch die Beobachtung nach der Leuvener Engagiertheitsskala fällt es mir wie Schuppen von Augen: Der Jonas ist ja ein voll engagiertes Kind!

Am Anfang waren die Eltern ziemlich kritisch gegenüber meiner pädagogischen Arbeit. Aber mit meinen sauber ausgeschnittenen Fensterbildern konnte ich sie von mir überzeugen.

Also, diese neue Aktivrente vom Merz ist echt eine Wucht! Ich meine, bis 80 im Kindergarten bleiben – wie geil ist das denn?

Was ich am Wochenende mache? Ich gehe immer zum Spielplatz hinterm Haus und frage, ob ich jemanden auf der Schaukel anschubsen darf. Die Kids fehlen mir halt.

Was ich privat höre? Ziemlich gerne House, so Death Metal-Zeug und natürlich alles von Simone Sommerland.

Der Job könnte echt anstrengend sein – wenn die Eltern nicht wären.

So, endlich Feierabend! Erst eine gute Tasse Kaffee, zwei Kekse dazu – und dann geht's an das langersehnte Ausfüllen der zwölfseitigen Förderbedarfsfeststellungsantragsdokumente.

BESCHWEREN? ABER JA!

Warum Beschwerden ein Geschenk sind – für Kinder, Eltern und Teams

Ihr kennt das: Ein Kind beschwert sich – leise oder laut, vorsichtig oder wütend, mit Worten oder mit seinem ganzen Körper.
Viele Erwachsene denken dann: „Jetzt wird's schwierig …"

Aber eigentlich passiert in solchen Momenten etwas Großartiges:
Ein Kind nutzt sein Recht.

Kinder haben das Recht, sich zu beschweren. – Immer. Egal wie alt, egal wie weit entwickelt.

Und Erwachsene haben die Aufgabe, Räume zu schaffen, in denen Beschwerden willkommen sind – nicht als Störung, sondern als Beteiligung pur.

Eine Kita, die Kinderrechte ernst nimmt, bietet Beschwerdemöglichkeiten an. Nicht nur für Kinder, sondern auch für Eltern – und übrigens auch für Fachkräfte.

Denn Beschwerden schaffen Transparenz, schützen vor Übergriffen und blinden Flecken und ermöglichen Entwicklung.

Gerade bei jungen Kindern ist das Erkennen entscheidend.

Kinder beschweren sich ständig. Nur nennen sie es nicht so.

Sie sagen nicht: „Ich möchte mich beschweren."
Sie sagen: „Ich mag das nicht!" „Hör auf!" „A. hat mir den Ball weggenommen!"
„Ich will nicht, dass B. in meinem Essen rummanscht."

Und genau hier beginnt unsere Aufgabe: zu erkennen, dass all das Beschwerden sind – Signale, mit denen Kinder ihre Welt gestalten, schützen und mit uns aushandeln.

WARUM SIND BESCHWERDEN SO WICHTIG ?

1. Beteiligung braucht Beschwerdemöglichkeiten

Kinder dürfen sagen, was sie wollen, brauchen, ablehnen oder verändern wollen. Erst wenn sie das ausdrücken können – und wir es hören wollen – entsteht echte Beteiligung.

Ihr erlebt das täglich:
Ein Kind will nicht schlafen.
Ein Kind mag ein Essen nicht.
Ein Kind will nicht gewickelt werden.

Das sind nicht „Probleme".
Das sind Beschwerden, die zeigen:
„Ich habe eine Meinung zu meiner Welt."

2. Förderung geht nur, wenn Kinder sagen dürfen, was ihnen gut tut

Förderung heißt auch:
Kinder dürfen selbst mitbestimmen, was ihnen Ruhe, Spaß und Erholung gibt.

Ein Beispiel aus der Praxis:
Kinder beschweren sich über das Schlafen auf Matten. Ihr nehmt das ernst – und plötzlich entstehen Höhlen, andere Räume, draußen ruhen ...

Ihr merkt: Es muss nicht für alle gleich sein.
Kinder können Erholung mitgestalten.

3. Schutz geht nur, wenn Beschwerden ernst genommen werden

Kinder haben das Recht auf Schutz vor Gewalt – körperlicher sowie seelischer.

Gewalt beginnt früher, als wir denken:
bei Beschämung, Bagatellisieren, Übergehen.

Eine Beschwerde ist oft das erste Warnsignal:
„Stopp, das fühlt sich für mich nicht gut an."

Wenn wir Beschwerden hören, verbalisieren, klären und Lösungen suchen, lernen Kinder: „Meine Grenze zählt." Und wir vermeiden Übergriffe – auch institutionelle.

WAS SIND EIGENTLICH BESCHWERDEN?

Kinder beschweren sich auf viele Arten – und nicht alle sind angenehm:

- anwaltlich (Kinder vertreten andere: „Alex hat Maya den Bagger weggenommen!" „Ich finde nicht gut, wie ihr meinen Freund behandelt!")
- ermöglichend (Ein Wunsch nach Veränderung: Ideen, Vorschläge, Verbesserungswünsche, „Wir sollten öfter in den Wald! gehen")
- verhindernd (Ein Stoppschild: Grenzen, Regeln, „Ich will das nicht!" „Nein!" „Hör auf!")

Und sie tun das mit Worten, Mimik, Wegdrehen, Weglaufen, Weinen, Schreien – oder mit Aggression. Beschwerden sind also vielfältig – wir müssen sie lesen, nicht bewerten.

NO-GOS – WAS MACHT BESCHWERDEN KAPUTT?

- Schuld zuweisen („Selbst schuld, wenn ...")
- Bagatellisieren („Ist doch nicht so schlimm!")
- Lächerlich machen („Prinzesschen", „Weichei" ...)

Alles davon verletzt Grenzen, senkt Selbstwert, verunsichert – und verhindert, dass Kinder sich trauen, sich zu beschweren.

WIE KÖNNTEN WIR BESCHWERDEN PROFESSIONELL BEGLEITEN?

1. Wahrnehmen und verbalisieren

„Du schreist gerade."
„Du läufst weg."
„Du willst nicht gewickelt werden, oder?"

2. Würdigen

„Das ist dir zu viel."
„Du zeigst mir, dass du das nicht möchtest."

3. Wunsch herausfinden

„Möchtest du lieber weiterspielen?"
„Brauchst du Ruhe?"

4. Handlungsrahmen erklären

„Die Straße ist gefährlich. Ich will dich sicher begleiten."

5. Lösung entwickeln

„Hast du eine Idee, wie wir das machen können?"
Lösungen sind dann am stabilsten, wenn sie von den Kindern kommen, für sie Sinn ergeben.

Wie junge Kinder sich beschweren

Sie zeigen Widerstand nicht nur mit einem lauten „NEIN", sondern auf viele feine Arten. Sie weinen, schreien, laufen weg, lassen sich fallen, machen sich schwer beim Anziehen, schlagen oder werfen – aber auch: sie ziehen leise die Hand weg, drehen den Kopf, frieren ein, tun so, als hörten sie nichts. Gerade die stillen Formen sind leicht zu übersehen.

Viele Kinder können ihre Grenzen noch nicht mit Worten ausdrücken. Manche wehren sich überhaupt nicht – auch dann nicht, wenn andere sie schubsen, bedrängen oder beschimpfen. Genau deshalb braucht es Erwachsene, die Widerstand als wichtiges Signal ernst nehmen.

Ein professioneller Umgang könnte so aussehen:

- Du **siehst** den Widerstand *(„Du ziehst deine Hand weg…")*.
- Du **benennst** ihn *(„…du willst das gerade nicht.")*.
- Du **fragst nach**, was dahintersteckt *(„Drückt die Jacke? Ist dir zu warm?")*.
- Du **erklärst** deinen Auftrag *(„Draußen ist es kalt, du brauchst etwas Warmes.")*.
- Ihr **sucht** gemeinsam eine Lösung *(andere Jacke, Mütze, kürzere Zeit draußen …)*.

So lernen Kinder: „Meine Signale werden wahrgenommen. Meine Meinung zählt. Und trotzdem gibt es einen sicheren Rahmen."

Unprofessionell ist es, Widerstand zu ignorieren, kleinzureden *(„Stell dich nicht so an")*, das Kind abzuwerten *(„Du bist immer so schwierig")* oder sich einfach abzuwenden.

Kurz gesagt: Widerstand ist kein Störfaktor, sondern ein wichtiger Teil von Autonomieentwicklung. Wenn Erwachsene ihn aufmerksam wahrnehmen, in Worte fassen und mit dem Kind nach Wegen suchen, wird aus „Theater" eine Lernchance – für das Kind und für die Beziehung.

AUCH ELTERN SOLLEN SICH BESCHWEREN DÜRFEN

Schon im Aufnahmegespräch sollte klar sein:
Beschwerden sind willkommen.

Sie sind Teil der Erziehungs- und Bildungspartnerschaft. Essen, Schlafen, Benachteiligung – alles darf angesprochen werden.

Genauso wie umgekehrt Fachkräfte Eltern frühzeitig informieren müssen, wenn ihnen etwas Sorge macht. Ein Beschwerdeprozess schützt Kinder, klärt Missverständnisse und stärkt Beziehungen.

PRAKTIKANT:INNEN = UNTERSCHÄTZTE SCHATZSUCHER:INNEN

Praktikant:innen sehen, was eingespielten Teams oft entgeht. — Sie sind nicht betriebsblind.
Sie bemerken Grenzüberschreitungen oder unfaire Abläufe.

Doch viele haben nicht den Mut, etwas zu sagen:
„Ich bin ja nur die Praktikantin …"

In einer modernen Kita-Kultur müssen ihre Beobachtungen eingeladen, nicht abgewertet werden. Beschweren soll keine Mutprobe sein.

BESCHWERDEN IM TEAM – GRUNDLAGE FÜR PROFESSIONALITÄT

Wie wollen wir Kindern vermitteln, dass Beschwerden wichtig sind, wenn wir sie im Team sanktionieren?

Teams brauchen Räume, in denen Kritik sachlich und angstfrei möglich ist. – Nicht als Nestbeschmutzung, sondern als Qualitätsentwicklung.

Vorbild sein heißt auch:
Konflikte sichtbar und fair lösen.

PETZEREI? NEIN – POLITISCHE BILDUNG IM KLEINEN

Was viele Erwachsene „Petzen" nennen, ist oft eine Beschwerde im Sinne von Gerechtigkeitssinn:

„Er behandelt sie unfair."
„Ich will, dass du das weißt."
Das ist kein Ärger machen.
Das ist Zivilcourage im Kita-Format.

Fragen wir lieber:

„Worum geht es dir?"
„Was soll sich verändern?"
„Wie kann ich dich unterstützen?"

Eine Kita, in der Kinder sich beschweren dürfen, ist eine Kita, die:

- Grenzen schützt – auch eure.
- Beteiligung ermöglicht.
- Entwicklung fördert.
- Machtverhältnisse reflektiert.
- Vertrauen wachsen lässt.
- Fehlerfreundlich ist – für Kinder und Erwachsene.

Kinder, die sich ernst genommen fühlen, müssen weniger kämpfen. – Sie müssen weniger schreien. Sie müssen weniger „auffällig" sein.

Sie lernen: „Ich darf etwas sagen. — Und es wird gehört."

BESCHWERDEN SIND KEIN PROBLEM – SIE SIND EIN GESCHENK

Sie machen sichtbar:

- was Kindern wichtig ist
- was ihnen wehtut
- was sie brauchen
- was sie verändern wollen
- was im Team hakt
- was Familien bewegt

Beschwerden sind Beteiligung.
Beschwerden sind Schutz.
Beschwerden sind Beziehung.
Beschwerden sind Demokratie.

Die Frage ist nicht: „Beschweren Kinder sich zu viel?"

Sondern: „Hören wir gut genug hin?"

Foto: fotokomplizin / Photocase

3.

ICH WAR NOCH NIE DRAN!

Jetzt schon.

DAS TEAM ALS LEBENDIGER ORGANISMUS UND SICHERER HAFEN FÜR ALLE

Wie wächst ein Team, das einander wirklich sieht?

Stellt euch vor, euer Team wäre ein lebendiger Organismus: jedes Teil anders, jedes wichtig. Was passiert, wenn ihr euch nicht nur organisiert, sondern einander wirklich begegnet – mit Mitgefühl, Wertschätzung und Mut?

Und was verändert das: für jede einzelne Person, für die Kinder, die Familien – und für euch als Team? Wie kann so ein Miteinander entstehen? Barbara Leitner gibt Impulse aus ihrem neuen Buch (siehe Seite 47).

WIR ALLE WOLLEN GESEHEN UND GESCHÄTZT WERDEN

Stellt euch euer Team wie einen Körper vor: mit Kopf, Herz, Bauch, Händen, Füßen …

Auch in unserem Körper gleicht kein Teil dem anderen. Und doch ist kein Organ wichtiger als das andere. Jedes funktioniert auf seine Weise richtig und wichtig. Erst zusammen halten sie uns lebendig. Unser Körper als Ganzes – und jedes einzelne Organ – verdient Respekt und Dankbarkeit.

So ähnlich verstehe ich pädagogische Teams. Es geht nicht darum, dass eine Person wichtiger, besser oder „richtiger" ist als die andere. Und es geht auch nicht darum, dass ihr alle gleich denkt oder handelt. Sinnvoll ist etwas anderes: Platz für Individualität in einem gemeinsam gehaltenen, sicheren und vertrauensvollen Raum.

„Sobald es uns als Mitgliedern eines Teams gelingt, einander als Subjekte zu begegnen, ist auch die Entfaltung der in jedem Einzelnen wie auch der in der betreffenden Gemeinschaft angelegten Potenziale unvermeidbar", schreibt Gerald Hüther (2018, S. 174) in seinem Buch Würde.

Kurz gesagt: Wo ihr euch einander wirklich als Menschen begegnet, wächst Entwicklung fast von allein.

WENN WERTSCHÄTZUNG FEHLT – WAS DAS MIT EUREM TEAM MACHT

Die amerikanische Sozialforscherin Brené Brown (2017) hat untersucht, unter welchen Bedingungen Menschen wertschätzende Beziehungen leben – und wann eben nicht. Ihre Beobachtung: Wenn Menschen sich nicht sicher sind, ob sie wirklich geschätzt werden, passiert oft Folgendes im Team:

- Sie hören einander weniger zu.
- Sie geraten in einen ständigen Wettlauf darum, wer besser ist.
- Sie unterstützen sich kaum.
- Und im Hintergrund wirkt die Angst: „Ich bin nicht gut genug."

In Teams, in denen solche Dynamiken deutlich spürbar sind, wird es schwer, sich selbst und die gemeinsame Arbeit wirklich zu würdigen.

Dabei wäre genau das der Nährboden für Entwicklung: Erst wenn das, was ist, angenommen werden darf, steht wieder Kraft für Veränderung zur Verfügung.

„BLUMENGIESSEN“: WERTSCHÄTZEN IM ALLTAG

Wertschätzen im Team heißt: Wir nehmen die positiven, unterstützenden Verhaltensweisen der anderen bewusst wahr – und machen sichtbar, welchen Beitrag jede einzelne Person für unseren pädagogischen Auftrag leistet.

Thich Nhat Hanh betont: „Eine Gemeinschaft, die gegenseitiges Verstehen, Freundlichkeit und Güte praktiziert, ist vielleicht das Wichtigste, das wir für das Überleben auf Erden tun können“ (2022, S. 157 ff.). Ohne Freude, schreibt er, fehlt uns die Kraft, die Aufgaben dieser Zeit zu meistern.

Wir Menschen haben den tiefen Wunsch, mit dem, was wir können und beitragen, gesehen und geschätzt zu werden. Je nach Biografie wird dieser Wunsch von Aufregung, Angst, Wut oder Enttäuschung begleitet:

„Wird wirklich erkannt, was ich der Gemeinschaft schenken will?“

Ich bin überzeugt: Wenn wir uns als Mitglieder eines Teams selbst schätzen und einander mit Respekt und Wertschätzung begegnen, kann sich auch das weiterentwickeln, was bisher noch nicht gut gelingt – bei Einzelnen und im ganzen Team.

WERTSCHÄTZEN IM FLUSS VON GEBEN UND NEHMEN

Natürlich tut es gut, im Team ein schlichtes „Danke“ zu hören. Oder einen Satz wie: „Mir hat gefallen, wie ruhig du den Streit geschlichtet hast.“

Noch nährender wird Wertschätzung, wenn ihr von eurem eigenen Erleben erzählt: Was genau hat euch am Tun einer Kollegin oder eines Kollegen berührt, erleichtert, gestärkt? Welches Bedürfnis von euch wurde erfüllt?

Dann seid ihr mitten in der „Magie“ der Gewaltfreien Kommunikation:

- Ihr benennt, was jemand getan oder gesagt hat,
- sagt, wie es euch damit geht,
- und welches Bedürfnis dadurch berührt wurde.

So bringt ihr Wertschätzung in einen lebendigen Fluss von Geben und Nehmen und stärkt die Verbundenheit im Team.

Der Satz zur Streitschlichtung könnte zum Beispiel so klingen: „Es war für mich so erleichternd, dass du zu den streitenden Kindern gekommen bist. Ich fühlte mich in dem Moment hilflos. Als du dann mit deiner Intervention an meiner Seite warst, konnte ich durchatmen und anschließend wieder ganz da sein. Das tut gut.“

Wertschätzung schafft einen freundlichen Rahmen, in dem auch schwierige Verhaltensweisen angeschaut werden können – ohne Abwertung, dafür mit der Einladung, sich zu wandeln.

SEID IHR ALS TEAM REGULIERT ODER DAUER-GESTRESST?

Wie wir unser Team erleben und welche Kultur wir miteinander leben, hängt stark von unserer inneren Ausrichtung und Befindlichkeit ab. Und umgekehrt gilt:

Jede Person im Team beeinflusst mit ihrem Denken, Fühlen und Handeln, welches Team entsteht – mit seinem besonderen Teamgeist und seinen pädagogischen Möglichkeiten. Hier spielt unser autonomes Nervensystem eine große Rolle.

Als soziale Wesen braucht ihr einen sicheren Rahmen, um euch wirklich auf andere einlassen zu können. Ob ihr euch sicher fühlt, entscheidet euer Nervensystem. Es will Verbindung ermöglichen, Gefahren abwehren und euer Überleben sichern.

- Ist es reguliert, kann es mit Stress umgehen und wieder in Balance finden.
- Ist es dysreguliert, bleibt es im Dauer-Alarmzustand.

Das gilt nicht nur für einzelne Menschen, sondern – bildlich gesprochen – auch für Teams:

- In einem regulierten Team erleben sich die Mitglieder als geschätzt; sie vermitteln einander Sicherheit, Freiheit und Miteinander.
- In einem dysregulierten Team ist eher das Gegenteil der Fall: Kolleg:innen bekämpfen sich, ziehen sich zurück, funktionieren nur noch oder stolpern zwischen Kampf, Flucht und innerem „Einfrieren“ hin und her.

Die Folge: Beziehungen werden ungesund, abwertend, missgünstig – und jede Person entwickelt eigene, nicht immer hilfreiche Strategien zur Selbstregulation.

Foto: Vlad Hilitanu / unsplash

Foto: Nik Lev / unsplash

WENN ALTE MUSTER DAS TEAM STEUERN

Das autonome Nervensystem gibt uns in Gefahrensituationen gesunde Reaktionen: Fight, Flight, Freeze – kämpfen, fliehen, erstarren.

Im Laufe unseres Lebens werden diese Impulse oft zu verinnerlichten Mustern, die wir gar nicht mehr bemerken. Aus einer aktuellen Stressreaktion wird ein Teil der Persönlichkeit: Wir reagieren immer wieder auf ähnliche Weise, ohne es zu merken.

Andere sehen das oft früher als wir selbst. Darum kann wohlwollendes Feedback im Kolleg:innenkreis so kostbar sein – wenn es zum Lernen einlädt.

Zum Beispiel: „Fällt dir auf, dass du – egal, was jemand vorschlägt – erst mal Nein sagst? Was hältst du davon, nach einem Vorschlag kurz innezuhalten, zu spüren, welcher Impuls in dir auftaucht, und dann zu prüfen, ob er hier wirklich passend ist?“

Weil wir alle unterschiedliche Muster gelernt haben, erleben wir unsere Kita oder Schule und unser Team sehr verschieden:

- Manche fühlen sich sicher, wirken ausgeglichen, flexibel und finden nach schwierigen Situationen schnell in ihre innere Stabilität zurück.
- Andere sind schnell „an“, reagieren gereizt, ängstlich, müde oder zerstreut, strengen sich an, alles richtig zu machen – und geben bei Problemen entweder sich selbst oder den anderen die Schuld.
- Wieder andere grübeln viel, haben Mühe, sich mitzuteilen und würden innerlich am liebsten wegrennen.
- Und dann gibt es diejenigen, die erschöpft und überfordert sind, sich nicht wirklich als Teil des Teams fühlen, sich isoliert erleben und kaum um Hilfe bitten können.

All diese Verhaltensweisen sind Hinweise auf den Zustand des Nervensystems – und zunächst einmal normale Schutzstrategien.

Beispiel: Jemand besteht beharrlich auf seiner Meinung, versucht sich durchzusetzen und schaut dabei wenig nach links oder rechts. Hinter dieser Aggression kann ein wichtiges Anliegen stecken. Wird das nicht wahrgenommen, schlägt die Wut leicht in Machtlosigkeit um:
„Es bringt ja alles nichts.“

Die Folge: Rückzug, Resignation, innerer Ausstieg.
Oder: Fachkräfte werden still, ziehen sich zurück, sagen nichts mehr – auch das ist eine unbewusste Schutzstrategie.

Schwierig wird es, wenn solche Muster dazu führen, dass wir im Team die Verbundenheit nicht mehr sehen:

- Es geht nur noch darum, wer „gewinnt“ oder Recht behält.
- In Teamsitzungen reden wenige, der Rest sitzt wie Publikum dabei.
- Entscheidungen werden getroffen, die nicht von allen getragen werden – und für die sich später auch nicht alle einsetzen.

Steigt die Belastung, wächst das Gefühl innerer Bedrohung. Die gebundene Energie will eigentlich ins Fließen kommen. Dafür bräuchte es: wahrnehmen, zuhören, Situa-

tionen verändern. Erst dann kann ein Team als Ganzes wieder in einen regulierten Zustand finden.

WENN TEAMKULTUR ALTE MUSTER VERSTÄRKT

Besonders heikel wird es, wenn ungünstige Muster durch die Teamkultur verstärkt werden. Aus meiner Sicht geschieht das vor allem dann, wenn es wenig Fürsorge für euch als Fachkräfte und wenig Bewusstsein für die Art des Miteinanders gibt.

Dann dominiert: Der Laden muss laufen.

Oft heißt das:

- immer mehr Anforderungen,
- steigender Handlungsdruck,
- Denken und Entscheiden fast nur noch mit dem „Verstandeshirn",
- ein Alltag voller „Müssen",
- wenig Raum für das Wissen, die Erfahrungen und die Gefühle der Einzelnen.

Die Energie eures Teams fließt dann nicht im breiten, gemeinsamen Strom, sondern versickert in Nebenflüssen und Sümpfen: unausgesprochene Erwartungen, Unklarheit über Vorgehensweisen, konkurrierendes Handeln – auch im Kontakt mit den Kindern –, wenig Offenheit, Überlastung zu benennen, und kaum Bereitschaft, wirklich zuzuhören.

Folgen:

- Es fehlt die gemeinsame Kraft, angemessene Antworten auf die Herausforderungen zu finden.
- Alles wird anstrengender.
- Konflikte spitzen sich zu.
- Kein Wunder, dass dann irgendwann der Satz fällt: „Ich halte das nicht mehr aus!"

In solch einer Atmosphäre mangelnder Wertschätzung und Verbundenheit ist es enorm schwer, Dinge anzusprechen – egal, ob es um Organisation, Kinderbesprechungen, Gewalt von Fachkräften gegenüber Kindern oder andere heikle Themen geht.

Jedes dieser Themen würde unsere Nervensysteme im Team zusätzlich aktivieren. Um das auszuhalten, bräuchte es gleichzeitig viel Vertrauen und haltende Kräfte – und beides fehlt.

Die Folge: Es wird geschwiegen, wo eigentlich ein klares, ehrliches Wort nötig wäre. Und es läuft weiter wie bisher.

GEFÜHLE ALS WEGWEISER IM TEAM

Wenn sich euer Alltag verändert – durch herausfordernde Kinder, Personalmangel oder neue Vorgaben vom Träger –, gerät das Gewohnte ins Wanken. Das verunsichert.

In solchen Situationen sind Gefühle wie Wut, Verzweiflung, Angst, Irritation, Überforderung, Erschöpfung – oder im besten Fall Freude und Dankbarkeit – gesunde Signale. Sie wollen euch helfen, die passende Energie zu mobilisieren: kämpfen, fliehen, innehalten oder Neues wagen.

Doch oft erlaubt ihr euch nicht, diese Impulse zu spüren. Ihr funktioniert weiter – und verpasst die Chance, wieder in einen lebendigen Einklang mit dem Leben zu kommen.

Die Energie verschwindet dadurch nicht. Sie staut sich an. Es entsteht ein Gemisch aus vielen ungelösten Gefühlen, das schwer über eurem Team liegt. Kolleg:innen sehen dann kaum noch das Gute, fühlen sich chronisch überlastet und nehmen den Alltag vor allem durch die „Zu-viel"-Brille wahr.

Aus Sicht des Nervensystems ist das verständlich:

Nicht gelebte Kampf- und Fluchtimpulse werden zu gebundener Energie. Wenn das Fass überläuft, geht nichts mehr.
Dabei gilt: Ärger, Wut, Müdigkeit, Erschöpfung – das alles sind gesunde Reaktionen auf Belastung.

Eigentlich bräuchte es Momente, in denen ihr als Team:
- Luft holt,
- anerkennt: „Gerade ist es viel",
- fühlt, was da ist,
- die Bedürfnisse dahinter wahrnehmt.

Ihr braucht sichere, haltende, ressourcenorientierte Räume, um Frust und Unzufriedenheit zu entladen. Doch genau daran mangelt es häufig.

Ihr braucht die Erfahrung: Hier geht es auch um uns.

Viele Fachkräfte berichten, wie entlastend es ist, wenn sie sich jemandem anvertrauen können – mit ihrer Not. Für dieses menschliche Bedürfnis nach Gehört- und Gesehenwerden sollten Teams unbedingt einen sicheren Rahmen schaffen.

Dann wird es leichter, sich zu zeigen. Und je normaler es wird, Gefühlen Raum zu geben und die Bedürfnisse dahinter ernst zu nehmen, desto eher können konstruktive Umgangsweisen entstehen.

Gebundene Energie darf sich entladen – und Kraft kehrt zurück.

GEMEINSAME BEDÜRFNISSE ALS MOTOR FÜR TEAMENTWICKLUNG

In vielen Teams gibt es die Angst: „Wenn wir aussprechen, was im Miteinander schwierig ist, bleiben wir im Problem stecken und schaffen die Arbeit erst recht nicht."

Tatsächlich passiert es in der Alltagskommunikation oft, dass ihr „nur" euren Frust abladet und auf Mangel hinweist. Robert Gonzales (2023, S. 18) betont:

Wenn ich mich innerlich auf den Mangel ausrichte, kommuniziere ich die Energie, dass etwas falsch ist und mir etwas fehlt. — Das hilft niemandem.
Um eine andere Erfahrung zu machen, braucht es Mut:
- Mut, ehrlich zu sagen, was euch in der Zusammenarbeit kostbar ist.
- Mut, zu zeigen, was in euch immer wieder Ärger, Überforderung oder andere starke Gefühle auslöst.

Marshall Rosenberg (1982) schlägt für die GFK vor, „die Wahrheit über mich selbst" so auszudrücken, dass sie mitfühlende Reaktionen einlädt.

Dazu gehören:
- beschreiben, was ihr beobachtet – in Handlungssprache,
- ehrlich sagen, wie ihr euch fühlt,
- benennen, welche Werte oder Bedürfnisse hinter euren Gefühlen stehen,
- in positiver, konkreter Sprache um Fürsorge bitten.

Es geht darum, eure innere Wahrheit auszusprechen: „In mir löst das … etwas aus. Dann spüre ich im Körper … und sehne mich so sehr nach …"

Was ist eure tiefste Sehnsucht? Und was könnten die anderen konkret tun, damit diese Sehnsucht ein Stück weit Wirklichkeit wird?

Wenn ihr eure Not ernst nehmt und gut für euch sorgt, könnt ihr mit weicheren Worten sprechen. Mit einem „weichen Herzen". Und dann wird sichtbar: Euch gegenüber sitzen Menschen mit eigenen Sehnsüchten – auch wenn sie Dinge tun, die euch nicht gefallen.

Ihr werdet sie mitdenken, wirklich von einem Ich zu einem Ihr sprechen – und eher das Herz der anderen erreichen.

WELCHE ART VON TEAM WOLLT IHR SEIN?

Teamklarheit ist kostbar. Fragt euch gemeinsam:
- Was für eine Gemeinschaft wollen wir sein?
- Welche Bedürfnisse haben im Team Vorrang?
- Wollen wir ein Team sein, das achtsam miteinander arbeitet, um achtsam mit Kindern leben zu können?
- Oder steht bei uns Humor und Leichtigkeit im Mittelpunkt?

Als Team lohnt es sich, gemeinsam zu fühlen, wie es ist, zu solch einer Gemeinschaft zu gehören – und anzuerkennen: In Ansätzen sind wir das schon.

Allein diese Vorstellung hat Kraft.
Ihr kultiviert eure gemeinsame Ausrichtung, indem ihr:

- euch klar macht, welche Bedürfnisse euch leiten,
- schaut, welche Denk- und Verhaltensweisen zu diesem Team passen,
- und ausprobiert, welche Strategien euch dorthin führen.
- Mit dieser klaren Orientierung auf Bedürfnisse und Fülle kommen Ideen auf, die im Stress des Alltags nie auftauchen würden.

Deshalb braucht auch euer Team immer wieder Momente von:

- Innehalten,
- Selbstverbindung,
- (Selbst-)Mitgefühl.

Die Erfahrung, dass Teams sich über ihre Bedürfnisse regulieren und führen können, nährt meine Hoffnung: Auch unter schwierigen Bedingungen ist kooperatives Zusammenwirken möglich – und damit echter Wandel.

Quellen:

Brown, B. (2017): Verletzlichkeit macht stark. München: Goldmann.

Gonzales, R. (2023): Die Spiritualität der Gewaltfreien Kommunikation. Ein Kurs in Living Compassion. Eigenverlag von Ruth Joy.

Hüther, G. (2018): Würde. Was uns stark macht – als Einzelne und als Gesellschaft. München: Knaus.

Rosenberg, M. (1982): Unveröffentlichtes Arbeitsblatt: Ein Modell für gewaltfreie Kommunikation.

Thich Nhat Hanh (2022): Zen und die Kunst, die Welt zu retten. Heilung und Harmonie für uns selbst und die Erde. München: Lotos Verlag.

Barbara Leitner arbeitet in Berlin als Prozessbegleiterin, Trainerin und Coach. Seit 2016 ist sie zertifizierte GFK-Trainerin. Seit 2023 beschäftigt sie sich mit dem Basiskonzept zur Traumaheilung Somatic Experiencing (SE) und ist SE-Practioner. 2025 erhielt sie das Zertifikat als EmotionalAid (EA)®-Facilitator.
Sie unterstützt Einzelne, Teams und Organisationen dabei, Werkzeuge für Stressregulation und Selbstfürsorge zu entwickeln – damit sie auch in herausfordernden Situationen gesund bleiben können.

Kontakt: leitnerbar@web.de
Mehr Informationen: www.gfk-in-kita-und-schule.de und www.barbaraleitner.de

Barbara Leitner
Wege zu mehr Gewaltfreiheit
Anregungen für die pädagogische Praxis in Kita und Schule
250 Seiten, erscheint am 14. 3. 2026 bei Junfermann
ISBN 978-3-7495-0693-4
30,– Euro

Wir lehren immer das, was wir selbst am meisten lernen müssen. (Peter Levine)

Mehr Gewaltfreiheit im Alltag. Geht das überhaupt? Wie verbunden wir mit uns selbst? Statt nur zu funktionieren und uns zu überfordern: Können wir innehalten, uns regulieren und mit uns selbst mitfühlend sein?
Auf dieser Basis entstehen Beziehungen – im Team und zu den Kindern.

Für Barbara Leitner sind Selbstmitgefühl und Selbstregulation, also die Verbindung mit sich selbst, die Grundlage allen pädagogischen Handelns.

Das Wissen über das autonome Nervensystem hilft dabei zu spüren: In welchem „Modus" bin ich gerade – ist das Kind, ist unser Team? Und: Was brauchen wir jetzt?

Mehr Gewaltfreiheit leben wir, wenn wir eigene, oft hinderliche, unbewusste Muster erkennen, unsere Gefühle wirklich fühlen und uns an den universellen menschlichen Bedürfnissen orientieren. So können wir – Fachkräfte in Kita und Schule ... – authentisch und präsent – freundliche, nährende Beziehungen leben. Und Schritt für Schritt die Veränderung im Bildungssystem werden, die wir uns selbst wünschen.

GLEICHHEIT ODER GERECHTIGKEIT?

Warum sind wir, wie wir sind? Und warum stoßen wir damit nicht nur auf Gegenliebe? Erinnerungen an missliche Situationen, Erkenntnisse über Verhaltensweisen, Erfahrungen mit Lösungsmöglichkeiten und Umsetzungstipps – Aline Kramer-Pleßke, Supervisorin und Coach, möchte dazu beitragen, dass wir unsere Potenziale entdecken, unsere Ressourcen stärken, emotionale Entlastung finden und souveräner handeln können.

ERINNERUNGEN

Mit der Gerechtigkeit ist das so eine Sache. Zum Beispiel gaben sich meine Eltern große Mühe, damit es in der Familie fair zugeht. Bei vier Kindern war das nicht leicht. Obwohl gut und ausreichend gekocht wurde, saß der Futterneid immer mit am Tisch, machte riesengroße Augen und war sofort gekränkt, wenn jemand einen Happen mehr hatte. Später durften unsere kleinen Geschwister genauso lange aufbleiben wie wir Großen. Das fanden wir ungerecht.

Schlimm war es bei Radtouren mit der Klasse. Ich war eine lahme Ente und immer hintendran. Natürlich gab es Stellen, an denen die anderen auf mich warteten. Wenn ich mit hochrotem Kopf ankam, ging es weiter. Keine Pause für mich. Das endete mit Tränen und völliger Überforderung.

Auch an die Mannschaftswahl im Sportunterricht erinnere ich mich noch. Wählen durften immer die besonders guten Sportler. Die anderen waren bange, wann und von wem sie in die Mannschaft gewählt wurden. Letzter zu sein war ziemlich mies. „Na gut, dann nehmen wir die auch noch“, wurde augenrollend gemault.

Wie machen Sie das in Ihrer Arbeit? Fürchten Sie sich vielleicht auch vor ungleicher Behandlung? Was ist dann mit der Individualität? Kann man eigentlich immer gerecht und fair sein? Was wäre dabei zu beachten?

ERFAHRUNGEN

Vor einiger Zeit kam ein Leitungsteam zur Supervision. Auf Wunsch der Mitglieder nahm die oberste Leitung in gewissen Abständen teil.

Das Team beschrieb sich als solidarisch und wertschätzend. Die Atmosphäre war freundlich, fast familiär. Und doch brodelte es unter der Oberfläche. Das Arbeitsaufkommen war hoch, längere Krankheitsphasen machten allen zu schaffen.

In dieser Zeit übernahm eine Leiterin – nennen wir sie Clara – viele zusätzliche Aufgaben. Sie koordinierte Abläufe, sprang bei Ausfällen ein, schrieb Konzepte, organisierte Fortbildungen. Nicht, weil man es von ihr verlangte, sondern weil sie sah, was zu tun war, es konnte und auch wollte. Sie war engagiert, klug und strukturiert. Das Team schätzte sie sehr, nahm ihr Engagement stillschweigend an und setzte es irgendwann sogar voraus.

In einer Supervision mit der Leitung ging es um die Verteilung von Ressourcen, um das Fortbildungsbudget, um Gehaltserhöhungen, Prämien und freie Tage. Dabei wurde betont, dass „alle gleich behandelt“ werden müssen. „Wir wollen keine Unterschiede machen, das wäre unfair“, hieß es. Clara saß still dabei. Ich sah, wie sich ihre Haltung veränderte. Sie war nicht wütend, aber verletzt. Also fragte ich das Team: „Was ist Ihnen wichtiger? Gleichheit oder Gerechtigkeit?“ Große Augen. Verwundert sagte jemand: „Gibt es da einen Unterschied?“

Foto: Gregoire Jeanneau / unsplash

Ich versuchte eine Erklärung, ungefähr so: „Vor dem Gesetz sind alle Menschen gleich. Aber die Realität sieht oft anders aus, das wissen Sie. Armut, Arbeitslosigkeit und mangelnde Bildung sorgen für deutlich schlechtere Chancen im Leben, obwohl alle Menschen den gleichen Wert und die gleiche Würde haben, unabhängig von ihrem Aussehen oder ihrer Herkunft. Diese Prinzipien sind im Grundgesetz verankert. Und zwar in Artikel 3. Das Gesetz schützt uns gegen jede Form von Diskriminierung."

Eine Kollegin sagte: „Das ist sehr wichtig. Und deshalb sollten alle auch das Gleiche bekommen. Ganz gerecht aufgeteilt."

„Unabhängig vom Arbeitsbeitrag? Ist das denn fair?" fragte Clara, hielt kurz inne und erklärte dann: „Ich fühle mich mit meinem Einsatz nicht gesehen. Ausgerechnet im Namen der Gerechtigkeit wird meine Leistung nicht gewürdigt. Gerechtigkeit bedeute doch, dass Unterschiede anerkannt werden. Nicht, um zu bewerten, sondern um zu würdigen."

Es wurde still. Da sagte jemand: „Vielleicht haben wir Gleichheit mit Gerechtigkeit verwechselt."

Diese Erkenntnis war ein Wendepunkt. Wir sprachen über individuelle Bedürfnisse, über unausgesprochene Erwartungen und über die Angst, durch Differenzierung Konflikte auszulösen. Doch genau das Gegenteil war der Fall: Die Kolleginnen bedankten sich bei Clara, die Situation entspannte sich, die Ressourcen wurden differenzierter und zur Zufriedenheit aller aufgeteilt. Niemand fühlte sich benachteiligt.

Gerechtigkeit ist kein mathematisches Prinzip. Sie ist ein Beziehungsgeschehen, das Differenzierung, die Anerkennung von Vielfalt und individuelle Würdigung erfordert.

Gerechtigkeit ist ein großes Wort, klingt nach Regeln, nach Gleichheit, nach Ordnung. Doch was passiert, wenn wir dieses Wort mit unserer eigenen Geschichte verbinden? Mit unseren Bedürfnissen, unseren Erfahrungen, unserer Sicht auf die Welt? In meiner Arbeit erlebe ich oft, dass Menschen sehr unterschiedliche Vorstellungen davon haben, was gerecht ist. Für die eine Person bedeutet es, dass alle das Gleiche bekommen. Für die andere, dass jeder das bekommt, was er braucht. Und manchmal ist beides gleichzeitig wahr oder eben auch nicht.

Ich möchte Sie zu einem Experiment einladen. Es ist leicht, aber nicht banal, braucht Offenheit, Neugier und ein bisschen Mut.

→

Aline Kramer-Pleßke arbeitet als Coach und Supervisorin für Leitungskräfte, Fachberater*innen und Teams in Berlin, Brandenburg oder Online.
Kontakt: Beratungspraxis
Wolfshagener Straße 73, 13187 Berlin
E-Mail: info@alinekramer.de
Internet: www.alinekramer.de und www.perspektiven-coaching-berlin.de

EXPERIMENT

Gerechtigkeit entsteht nicht im luftleeren Raum. Sie lebt von Beziehung, vom Kontext, von der Bereitschaft, sich selbst und andere Menschen ernst zu nehmen.
Oft glauben wir, wir müssten uns anpassen, obwohl es hilfreicher wäre, uns so zu zeigen, wie wir sind – nämlich unterschiedlich. Für mich bedeutet Solidarität nicht, Unterschiede zu ignorieren, sondern sie zu würdigen und sich vielleicht genau deshalb füreinander einzusetzen.

PROBIEREN SIE IM TEAM FOLGENDES EXPERIMENT AUS:

1. Erinnerung aufschreiben

Denken Sie an eine Situation, in der Sie das Gefühl hatten: Das ist unfair!
Schreiben Sie auf, was passiert war. Wer war beteiligt? Was hatte Sie verletzt oder irritiert?

2. Bedürfnis erkennen

Fragen Sie sich: Was hätte ich gebraucht, damit es sich gerecht anfühlt?
Vielleicht war es Anerkennung, vielleicht ein Ausgleich, vielleicht einfach ein ehrliches Gespräch.

3. Perspektive tauschen

Geben Sie Ihre Notiz (anonym oder offen) an eine andere Person weiter, die sie liest und folgende Frage beantwortet: Was könnte Solidarität in dieser Situation bedeuten?

4. Austausch und Reflexion

Kommen Sie miteinander ins Gespräch: Was hat überrascht? Was war schwer? Was hat berührt? Was nehmen Sie konkret mit?

Mit Sicherheit entdecken Sie verschiedene Sichtweisen, merken aber:
Es ist wohltuend, wenn jemand versucht, Ihre Perspektive zu verstehen.
Und möglicherweise entsteht daraus ein neues Verständnis von Gerechtigkeit.

SPIELT GERICHT!

Gern spielen Kinder Polizei und verhaften einander wegen diverser Regelverstöße – aber wer ermittelt eigentlich in gründlichen Verhandlungen, wogegen Piraten verstoßen und warum die eitle Prinzessin mal einen Dämpfer brauchte? Stellt im Rollenspiel-Raum ein Richterpult auf und inspiriert die Kinder, Prozesse zu führen: Plüscheule gegen Stoffmaus, Hausschwein gegen Metzger, Baum gegen Bagger…

ERKUNDET DIE STADT!

Findet heraus, wie gerecht es beim Wohnen zugeht. Hier bei uns in der Einfamilienhaus-Siedlung ist alles schnuckelig und gepflegt. Drüben im Hochhaus-Ghetto eher nicht. Ist das fair? Ergründet die ewige Kinderfrage: Hatte ich einfach Glück, in die richtige Welt geboren worden zu sein?

EINLADUNG ZUM FAIR PLAY

Über Ungerechtigkeit muss man im Kinderkreis reden, weil „die anderen uns immer was wegnehmen. Nee, umgekehrt, weil wir denen…"

Oder man inspiriert spielerische Auseinandersetzungen über Momente im Alltag, in denen es Ungerechtigkeit gibt, um mit Kindern zu erforschen: Geht das auch fair?

Text: Michael Fink

ERFORSCHT, WER AN SÜSSIGKEITEN VERDIENT!

Schokolade ist schon wieder teurer. Sind die Kakao-Bauern zu gierig? Erkundet, woher Lieblings-Leckereien der Kinder stammen, wer dafür wie viel arbeitet und wer daran wie viel verdient.

SAMMELT GELD!

Lasst Kinder erleben, dass es gut tut, ärmeren Menschen etwas zu geben. Überlegt, wer Geld oder gute Lebensmittel gebrauchen könnte. Stellt euch mit einer Sammelbüchse, vielleicht sogar als Kita-Orchester, auf den Marktplatz und kommt mit Vorübergehenden ins Gespräch, die sagen: „Finde ich gut, was ihr macht.“ Oder auch: „Was soll der Quatsch?“

SUCHT NACH GERECHTIGKEITS-HELDEN!

Manche Menschen regten sich so über Ungerechtigkeit auf, dass sie irgendwann beschlossen, dagegen zu kämpfen. Ein Gefühl, das viele Kinder nachvollziehen können. Lest Kinderbücher über Heldinnen und Helden. Findet heraus, ob es in eurer Gegend Leute gibt, die sich für mehr Gerechtigkeit einsetzen. Fragt sie, ob sie euch im Kinderkreis erzählen würden, warum sie das tun und was sie dabei erleben.

UTE WILL 'NE QUOTE

Auf diesen Seiten geht es um eine Situation, die man aus verschiedenen Perspektiven betrachten kann. Was ist Deine Perspektive?

Und was sagt Dein Team?

Text: Michael Fink

„ENDLICH GEHT 'S MAL EINE AN", FREUT SICH SUSAN.

Guter Vorschlag, Ute! Das ist auch so ein Thema, das Eltern wie Erzieherinnen auf die Palme bringt, weil alle das Problem kennen und keiner was tut. Bei der Weiterbildung vorige Woche hab ich die Referentin, so eine Anti-BIAS-Tante, gefragt, wie man denn wertschätzend mit Kindern und Eltern kommuniziert, die alle kaum deutsch sprechen. Wie die da abging! Es käme auf die pädagogische Haltung an, Migration und Vielfalt als Chance, kultursensibles Arbeiten... Wenn du konkret fragst, was du mit Kindern machst, die nichts verstehen und deren Eltern du nicht erreichst, wenn du Fördermaßnahmen vorschlagen willst – keine Antwort.

Als eine Kollegin fragte, was man dagegen tun soll, wenn sich vor lauter kultureller Vielfalt die letzten biodeutschen Eltern auch noch abmelden, wurde schnell das Thema gewechselt. Also, ich bin für die Obergrenzen, weil: Ohne schaffen wir das nicht.

„RECHTSBRUCH ODER RECHTSRUCK?" FRAGT ROVAN.

Aha, jetzt sortieren wir Kinder wieder nach Herkunft! Sorry, Susan, aber mich kotzt das so was von an. Vor zehn Jahren hatten wir noch mehr Bewerber als Plätze, und wonach haben wir die Plätze damals vergeben? Nach Engagement der Eltern, nach sozialem Bedarf, nach Empfehlung durch andere Familien oder Wartezeit. Und 2025, in Zeiten des Rechtsrucks? Einfach erst mal den Migrations-Check machen. Besonders peinlich finde ich, dass du nach Vornamen zu schauen scheinst, Nele. Nach dem Motto: Wenn das Kind Banin heißt, kann es kein Wort Deutsch.

Ob ich einen besseren Vorschlag hab, um für ausgewogene Gruppen zu sorgen? Ja. Einfach Plätze nach Anmeldedatum oder Los vergeben. Denn alle Menschen sind verschieden, egal, wo sie herkommen und welcher Ethnie sie angehören. Jedem die gleiche Chance!

Nele sieht die Namen auf der Warteliste durch: Muhammed, Taifun, Edessa, Banin… Nur eine einzige Marie-Luise ist dabei. „Klar, dass die einen Platz sicher hat", sagt Leiterin Ute.

„Noch besser wäre, wenn sie eine Freundin aus ihrem kulturellen Umfeld hätte, die auch zu uns kommen könnte. Ist zwar nicht das Prinzip der Warteliste, aber neulich hat ja sogar die Bildungsministerin laut überlegt, ob man nicht eine Kita-Migrations-Obergrenze braucht."

„VIELFALT MIT QUOTE", FORDERT VIOLA.

Durchatmen, Rovan, und dann Nachdenken. Jedem die gleiche Chance, das klingt supertoll. Ist das Chancengleichheit, wenn Marie-Charlotte in Schnöselsdorf auf lauter Emilias und Eliasse trifft, deren Eltern die Kinder mit Windeln in die Oper schleppen – und Taifun bei uns auf Kinder mit den gleichen sprachlichen Herausforderungen?

Sorry, aber wenn du so ein Mega-Sozialist wärst, dann würdest du einsehen: Chancengleichheit bedeutet nicht, dass man das, was schiefläuft, einfach weiterlaufen lässt. Ich bin dafür, dass alle Kinder in den Genuss kommen, Vielfalt zu erleben. Und das garantiert die Quote!

„KEINE EXPERIMENTE MIT KINDERN", WARNT KONRAD.

Ok, Viola, das klingt ja nice. Damit nicht Biodeutsche nur auf Biodeutsche und Migrantenkinder nur auf Migrantenkinder treffen, soll also ein Teil der Kinder morgens mit dem Bus nach Schnöselsdorf fahren, und ein paar von dort werden dafür zu uns chauffiert, ja?

Ob deren Eltern das wohl mitmachen oder gleich den Anwalt bemühen? Und: Ist es nicht ungerecht, wenn die Kids aus unserem Bezirk bei uns keine Freunde haben, weil sie eine Kita am anderen Ende der Stadt besuchen? Außerdem finden sie dort vermutlich kaum Freunde, weil die Schnöselsdorfer Eltern was dagegen haben.

Ich will nur sagen: Ihr schlagt da ein spannendes soziales Experiment vor, dessen Ausgang wir alle nicht kennen. Dabei dürfte doch klar sein: Mit Menschen, erst recht mit Kindern, macht man keine Experimente.

Wie seht Ihr die Sache?

WA MIT K PFE

Text und Fotos:
Dagmar Arzenbacher

Knöpfe

sind eine praktische Erfindung.

Warum?
Weil man damit Kleidungsstücke verschließen und verzieren kann.

Woraus bestehen Knöpfe?
Knöpfe bestehen aus Leder, Perlmutt. Messing, Glas, Plastik, Horn, Holz, Stoff, Kokosnuss, Silber oder Gold.

Seit wann gibt es Knöpfe?
Knöpfe gab es schon in der Antike. Seit dem Mittelalter gibt es den Ösenknopf.

Was kann man mit Knöpfen machen?
Wenn man sie nicht zum Zuknöpfen braucht, kann man damit spielen, sie sammeln, sie nach Farben, Größe und Materialien sortieren und tauschen, damit rechnen, sie stapeln oder Knopfgeschichten erfinden.

Was gibt es für Knöpfe?
Es gibt Wäscheknöpfe, Manschettenknöpfe, Trachtenknöpfe, Zierknöpfe, Hemdknöpfe, Münz- und Talerknöpfe, Ersatzknöpfe und Knöpfli.

Was Ihr Euch mit Knöpfen ausgedacht und fotografiert habt, schickt Ihr an:

juhu@wamiki.de

RICHTIG SCHÖN UNFAIR:

MIT GOLDENEN DECKELCHEN BAUEN

Teuer muss nicht sein, aber kreativ! Michael Fink inspiziert Ausgesondertes, um nach Dingen zu suchen, die kaum etwas kosten.

Kartonrundscheiben

gibt es in Gold und Silber in verschiedenen Größen zum Beispiel als Untersatz für Törtchen, Torten und andere Leckerbissen, erhältlich im Verpackungshandel.

Einer der unfairsten Sätze der Welt wird der später hingerichteten französischen Königin Marie-Antoinette zugeschrieben: „Wenn sie kein Brot haben, sollen sie doch Kuchen essen.“

Noch unfairer ist nur, dass die Königin diesen Satz wohl gar nicht gesagt haben soll und trotzdem hingerichtet wurde. Hätte sie ihn gesagt, wäre er nur gut gemeint gewesen: Was gibt es Schöneres, als eine Tarte au citron oder ein anderes der berühmten französischen Patisserie-Erzeugnisse zu verspeisen, wenn es gerade am Billigtoast mangelt? Und ist es nicht herrlich, dass nach dem Verzehr solcher Köstlichkeiten ein blankgelecktes, güldenes, kreisrundes Papp-Untertellerchen übrig bleibt?

Wie der Goldglanz unsere Fantasie beflügelt! Wie von selbst entstehen Accessoires für ein Luxusleben, das uns schon aus Gerechtigkeitsgründen zusteht: Riesige Goldketten! Autos mit Goldrädern! Modelle goldener Pagoden! Goldene Tischtennisschläger! Und goldene Verdienstorden sowieso! Jetzt noch ein flackerndes Kerzenlicht aufgestellt, und das Gold trägt unsere Botschaft in alle Welt: Das steht uns zu, das haben wir uns hart erarbeitet, das lassen wir uns von Neidern nicht wegnehmen. Und das ist nur fair!

Geräusche dringen ans Ohr: Meutert da wer? Anscheinend das Bastelvolk, was treibt es an? Es hohnlache dem Grundsatz der 1 € Pädagogik, teure Törtchen zu konsumieren, um Bastelmaterial zu beschaffen? Und obendrein fördere es Diabetes?

Huldvoll wie eine französische Königin treten wir hinaus auf den golddeckel-geschmückten Balkon: „Aber ihr lieben Leute! Wenn ihr des guten Bastelmaterials wegen keine Törtchen essen wollt, dann geht doch einfach auf Emmason oder zum Euroschopp und kauft euch diese Golddeckel ohne Torte.“

Bevor die Meute gleich mit Toastbrotkrümeln wirft, schließen wir schnell die Tür.

Text und Fotos:
Michael Fink

BILDERBUCHKUNST

Das Wunder der Flunder

Schon am ersten Schultag wird Moritz missverstanden. In seinem Selbstporträt fehlen die Arme, weil er sie sich hinter dem Rücken denkt – einen schönen Stein haltend. Fußball spielt er nicht, er klettert lieber auf Bäume. Im Kunstunterricht übermalt er die Blumen, weil ihn ihr Streben zum Licht interessiert. Doch Lehrkräfte reagieren mit Unverständnis und Korrektur.

Daniela Leidigs Bilderbuch erzählt sensibel von einem Kind, dessen Wahrnehmung nicht in schulische Erwartungen passt. Immer wieder zeigt sich die Spannung zwischen Anpassung und Entfaltung: Fantasie ist gefragt, aber nur innerhalb enger Grenzen. Pausen sollen frei sein, werden aber gelenkt. Eigene Lernwege sind offiziell erwünscht, scheitern jedoch oft an vorschneller Bewertung.

In Collagen aus Aquarell, Kinderzeichnungen, linierten Papieren und wechselnden Perspektiven macht Leidig diese Schieflage sichtbar. Besonders eindrücklich ist die Geschichte der Flunder im Klassen-Aquarium. Moritz fühlt sich ihr verbunden, malt sie aus dem Gedächtnis – mit beiden Augen auf einer Seite. Die Lehrerin verspottet ihn. Doch im Wunder der Geschichte wandern die Augen der Flunder genau dorthin, wo Moritz sie gesehen hat.

Gemeinsam mit Lana befreit er das Tier und bringt es zum Bach. Dort kann die Flunder endlich tanzen – so wie Moritz seine Buchstaben tanzen lässt. Am Ende gibt es keine Glasscheibe mehr, nur noch Farbe, Nähe und Raum für eigene Sichtweisen. Ab 5.

wamiki-Tipp:
Daniela Leidig (Illustration und Text)
Das Wunder der Flunder
Kunstanstifter 2025
40 Seiten, durchgängig farbig illustriert: Analoge Malerei mit digitalen Elementen,
ISBN: 978-3-948743-45-1
€ (D): 22 / € (A): 22,70 / CHF: 33,90

Schlammland

„Ich habe einen schlechten Charakter." Mit diesem Gedanken beginnt Yukis Weg. Sie fühlt sich übersehen, ungeliebt, falsch. Als ihr Bruder sie widerwillig von der Schule abholt, wirft sie den Haustürschlüssel in einen Gully – und steigt hinab in eine unterirdische Welt ihrer Gefühle.

In Beatrice Alemagnas Bilderbuch wird diese Reise zum Abstieg durch Angst, Wut und Einsamkeit. Orte wie Schlammland, Ärgerwald oder das Museum der Zornobjekte geben Yukis Emotionen Gestalt. Herrscherin dieser Welt ist „Ihre Hoheit Matsch" – furchteinflößend und zugleich fürsorglich. Sie wächst, wenn jemand gemein war, spiegelt, statt zu verurteilen.

Yuki begegnet Wesen, die Schuldgefühle machen, aber auch trösten. Sie lernt, dass ihre Gefühle Raum haben dürfen. Schritt für Schritt verwandeln sich Angst in Mut, Scham in Selbstvertrauen. Diese inneren Bewegungen spiegelt die Bildsprache: Zeichnung, Kreide und Aquarell treffen auf leuchtendes Neon-Gelb, Pink und Blau.

Als Yuki schließlich wieder auftaucht, ist sie verändert. Sie weiß nun: Sie ist nicht allein mit ihrer Wut. Und sie kennt den Weg zurück zu sich selbst – einen Weg, den sie jederzeit wieder gehen kann. Ab 5.

wamiki-Tipp:
Beatrice Alemagna
Ihre Hoheit Matsch. Prinzessin von Schlammland
Aus dem Italienischen von Marieke Markert
Rotopol 2025
56 Seiten, Hardcover, fünffarbig mit einer Sonderfarbe,
ISBN: 978-3-96451-059-4
€ (D) €: 24 / (A): 25,95 / CHF: 35,90

Schlich ein Puma in den Tag

Am Anfang sind da nur ein paar helle Striche auf Weiß. Nichts Eindeutiges – nur ein Verdacht. Dann entsteht langsam ein Kopf, Augen blitzen auf: Raubtier. Löwe? Fast. Doch das Bild kippt, wird milchig, wird dunkel. Schwarz schiebt sich darüber, Seite um Seite, bis fast alles verschwunden ist. Fast.

Denn ein Auge bleibt. Und plötzlich ist klar: Kein Löwe. Ein Puma. „Schlich ein Puma in den Tag / regte sich / bewegte sich."

Das Staunen bleibt nicht nur im Bild: Das Gedicht wächst mit jeder Wiederholung, tastet sich vor, hält Spannung, setzt kleine Brüche. Und dann – als hätten wir selbst ein Kratzwerkzeug in der Hand – kommt das Tier zurück. Die Konturen tauchen wieder auf, Schritt für Schritt freigelegt. Später folgen weitere Wesen: Laubfrosch, Kugelfisch, Leguan, Schleiereule. Immer wieder dieses Leise: Werden, Verschwinden, Wiederauftauchen.

Wenn man das Buch zuklappt, fühlt es sich an, als würde etwas weitergehen. Als könnte gleich das nächste Tier im Papier rascheln – und als wären wir es, die es hervorlocken. Ab 5.

wamiki-Tipp:
Verena Pavoni (Ill.) / Lena Raubaum
Schlich ein Puma in den Tag
Kunstanstifter, 2025
144 Seiten, durchgehend farbig illustriert
ISBN 978-3-948743-41-3
€ 28 (D) / € 28,80 (A) / CHF 34,70

Moor Myrte und das Zaubergarn

Sid Sharp erzählt von zwei Schwestern, die in bitterer Armut leben – und doch kaum unterschiedlicher sein könnten. Beatrice ist freundlich, neugierig und erfinderisch. Magnolia dagegen mürrisch, eigennützig und grausam, nicht zuletzt zu den Spinnen, denen sie genüsslich die Beine ausreißt.

Gerade diese Spinnen ziehen sich wie ein roter Faden durch die Geschichte. Sie fangen Fliegen im zugigen Haus der Schwestern, spinnen Zauberseide und werden schließlich zu Arbeiterinnen, die sich gegen Ausbeutung wehren. Denn Beatrice erhält von der geheimnisvollen Moor Myrte – einem fabelhaften Spinnenwesen – magische Seide, aus der sie für Magnolia einen wunderbar warmen Pullover strickt. Als dieser zum Verkaufsschlager wird, will Magnolia mehr. Die Spinnen aber streiken.

Magnolia macht sich selbst auf die Suche nach neuer Zauberseide und trifft dabei auf Moor Myrte, die keinerlei Ausbeutung duldet. Alles im Wald hat seinen Platz, nichts ist entbehrlich. Als Magnolia schließlich auch noch den liebevoll gestrickten Pullover mit Füßen tritt, ist das Maß voll: Moor Myrte verwandelt sie in eine Fliege – und frisst sie.

Beatrice hingegen erschafft sich aus Spinnweben und Rattenschwänzen eine neue Schwester und lebt mit ihr weiter. Märchenhaft? Ja. Harmlos? Keineswegs. Mit grellen, grotesken Bildern und scharfem Humor hält Sid Sharp unserer Gesellschaft den Spiegel vor. Das Buch erzählt von Macht und Gier, von Ausbeutung und Widerstand – und davon, wie wichtig Umsicht, Solidarität und Mut sind.

wamiki-Tipp:
Sid Sharp
Moor Myrte und das Zaubergarn
Aus dem Englischen von Alexandra Rak
NordSüd 2025
52 Seiten, durchgehend farbig illustriert,
ISBN: 978-3-314-10725-2
€ (D: 22 / € (A): 22,70 / CHF: 28,90

Termine

WAMIKI-AUSSTELLUNGEN AUF TOUR

Spielplätze und interaktive
Lernwerkstätten für alle:

16. 2.–15. 3. 2026
BORDERCROSSINGS UND 40 JAHRE PÄDIKO:
Zukunft gestalten … in Kiel.
Mit Begleitprogramm.

Kooperation zwischen Reggio Children, Pädiko, Fachhochschule Kiel und **wamiki**. Ausstellungsorte sind die Fachhochschule Kiel und der Pop-up Pavillon Kiel.
Mehr Info: redaktion@wamiki.de

SPIELPLATZ SPRACHE
Februar/März 2026
… in Aurich,
Energie-Erlebnis-Zentrum Ostfriesland,
Osterbusch 2, 26607 Aurich.
Mehr Info: redaktion@wamiki.de

DIDACTA IN KÖLN
10. 3. – 14. 3. 2026
Mit umfangreichen Begleitprogramm.
Mehr Info: www.didacta-koeln.de

Weitere Termine auf Anfrage:
redaktion@wamiki.de

PÄDAGOGIK AUFRÄUMEN:

Pädagogik lebt von Ritualen, heißt es. Erzieher, Lehrer und *innen machen alles Mögliche, weil es nun mal derzeit üblich oder sogar vorgeschrieben ist. Egal, ob es Sinn hat oder nicht. Sinnvoll ist es aber auf jeden Fall, ab und zu auszumisten. Deswegen stellt diese Rubrik pädagogische Gewohnheiten aufs Tapet und fragt ganz ergebnisoffen: Ist das pädagogische Kunst oder kann das weg?

„DEN ELTERN ZULIEBE…"

„Ich habe in der Werkstatt alle Hämmer weggeräumt, um Stress mit den Eltern zu vermeiden", erzählt die Erzieherin im Seminar. Im Garten der baumreichen Vorortkita sind Stöcke tabu, befürchten doch Eltern Rohheitsdelikte. Im Bildungsbürgerkiez weicht die Freispielzeit einem Yoga-Kurs, denn: „Die Eltern wollen das so…"

Zeugt es von kooperativer Elternarbeit, solcherart Wünsche von Müttern und Vätern umzusetzen? Nein, eher von Selbstaufgabe. Erzieherinnen wissen eigentlich ganz genau, dass Hämmer zum Werken nützlich sind und diesbezügliche Regeln beachtet werden, dass Kinder Freispiel mehr als Yoga brauchen und dass Stöcke kreatives Baumaterial sind. Verzichten Erzieherinnen darauf, sich mit ihrer Überzeugung durchzusetzen, gefährden sie erstens ihren Ruf als Profis. Zweitens schaden sie allen Beteiligten: Die Kinder müssen statt Hämmern und Spielen herabschauende Hunde markieren. Und die Eltern werden um ihr Recht gebracht, allseits gebildete und in Risiken geschulte Kinder zu haben. Sie werden darum gebracht, erklärt zu bekommen, warum es für ihre Kinder wichtig ist, solche Dinge zu tun, und wie gut man als Fachkraft Sicherheit und Bildung unter einen Hut bringen kann.

Eltern haben das Recht, dass ihnen Erzieherinnen selbstbewusst vermitteln: „Wir haben gute Gründe für unser Tun und verzichten nicht darauf. Auch Ihnen zuliebe!"

BILDERRÄTSEL

Bild: Marie Parakenings

Welchen Begriff aus der Pädagogik haben wir im übertragenen Sinn collagiert? Die Buchstaben in den hellen Kästchen ergeben den Lösungsbegriff. Unter Ausschluss des Rechtsweges verlosen wir 10 x „Die hundert Sprachen der Kinder" – Vom Wunder des Lernens, von Reggio Children.

PS: In Heft 4/2025 suchten wir den Begriff: Mittagskind. Die Redaktion gratuliert allen Gewinnerinnen und Gewinnern.

Schickt eure Lösung per Post an:
wamiki
Was mit Kindern GmbH
Heinrich-Mann-Str. 31 / Haus 2
13156 Berlin
oder per E-Mail an:
info@wamiki.de
Stichwort: Bilderrätsel.
Einsendeschluss ist der 31. Januar 2026.

VORSCHAU

HEFT #1/2026

Thema: Räume gestalten

FANG AN
Lerngeschichten in der Praxis
Interviews, Beispiele, Methoden und Hintergründe

KINDERKREISE MODERIEREN – ABER WIE?
Nachdenken über Sinn und Unsinn –
Impulse, Ideen und Erfahrungen

UNSERE RECHTE, UNSERE STIMMEN
Ein Hörspiel, erfunden von Kindern – produziert von **wamiki** im Auftrag der National Coalition

WARUM WIR SCHULD SO GERN ABGEBEN
Wie Entlastung funktioniert – und was sie uns kostet

GEMEINSCHAFT UNTER DRUCK
Was Personalmangel mit Beziehungen macht – und wie Kinder ihn erleben

DUMMHEIT ALS ZWEITSPRACHE: „DAS IST HALT SO." – WIRKLICH?
Ein Satz, der alles beendet.
Und drei gute Argumente, ihn zu entkräften

SEIFENBLASENMOMENTE IM ALLTAG
Drei kleine Rituale gegen Stress – und für mehr innere Widerstandskraft

IMPRESSUM

WAS DIE WAMIKIS TUN, WENN SIE SICH UNGERECHT BEHANDELT FÜHLEN:

Erika Berthold: abhauen ∫ Eva Grüber: abschütteln ∫ Lena Grüber: angreifen ∫ Michael Fink: satirisch verarbeiten ∫ Frank Seiffarth: Rachepläne schmieden ∫ Natascha Welz: potzen (positive Version von motzen)

FRAGEN, KRITIK, IDEEN
redaktion@wamiki.de

VERLAG, REDAKTION, ABO-SERVICE, ANZEIGEN
Was mit Kindern GmbH
Heinrich-Mann-Str. 31, Haus 2 ∫
13156 Berlin

Tel.: +49 (0)30 48 09 65-36
Mobil: +49 (0)177 414 15 17
E-Mail: redaktion@wamiki.de
E-Mail: info@wamiki.de

Internet: www.wasmitkindern.de
X: @wasmitkindern
Facebook: www.facebook.com/wasmitkindern

ANZEIGEN UND VERTRIEB
Eva und Lena Grüber ∫
E-Mail: anzeigen@wamiki.de
Telefon: +49 (0)177 414 15 17

GESCHÄFTSFÜHRUNG
Lena Grüber, Eva Grüber ∫ HRB 161374 B

GESTALTUNG
Erik Neumann — studio luxabor

KONZEPT
anschlaege.de

DRUCK
Umweltdruck Berlin GmbH

BILDNACHWEISE
Cover: Jan von Holleben

ERSCHEINUNGSWEISE
8 x jährlich: 6 Hefte + 2 Extras ∫
Einzelheft: 8 Euro, zzgl. Versand

ISSN-NUMMER
2363-7714